# 素材を慈しみ、自分流に。

レストラン リューズ 飯塚隆太のフランス料理

旭屋出版

## はじめに

大阪の調理師学校に通っていた19歳のとき、生まれてはじめてフランス料理書を買いました。その本は、『ステファヌ・ランボー30ans料理は私の履歴書』。魂のこもった料理写真に見入っては、こんな立派な本に載る料理人になりたいと憧れたものです。本当に自分でもこのような本の話が来るとは、思ってもいませんでした。

修行時代からずっと、フランス料理に没頭してきましたが、30代も後半になると、日本料理の椀物のしみじみとした滋味に慈しみを感じ、自分が日本人だということを強く意識するようになりました。

フランス人でありながら、日本文化に精通しているジョエル・ロブション氏のもとで長年働き、日本料理の職人との技術交流を重ねていたことも大きいかもしれません。フランス人の物真似ではなく、自然豊かな新潟十日町の田舎で生まれ育ったバックグラウンドを忘れずに、自分の個性やオリジナリティーを、どう表現したらよいのか。いつしか、それが料理作りのテーマとしてふくらんでいったのです。

レストラン リューズをオープンしたのは2011年の2月です。最初の1年は、ロブション時代とは違う料理を作ろうという意識が強く、肩に力が入っていました。しかし、2年目に入ったあたりから、憑きものが落ちたというのか、まったく気にならなくなり、素材と真剣に向き合って、素材を慈しみながら、自然と自分の中から湧き出てくる気持ちを大切に、自然体でやりたいようにやればいいんだ。そう考えるようになったのです。

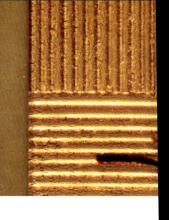

人と違うことをやるべきなのは、目指すべきなのは、リューズとしてのおいしい料理を確立し、お客様に喜んでいただくこと。シンプルな結論ですが、最優先すべき道が見つかれば、これまで縛られていたフランス料理の枠からも自由になりました。たとえば昆布が素材の旨みを引き出す方法を活用するなど、おいしさの幅が広がって、自分流のフランス料理の方向性がわかってきたような気がしています。

私が最初にシェフというポジションに就いた2004年以降、日本は何度かの大きな自然災害に襲われました。その年の新潟県中越地震では、故郷が被災地だったにもかかわらず、支援活動ができなかったのが、たいへん心残りでした。また、東日本大震災が起きたのはリューズ開店の1ヶ月後だったため、店を守るのが精一杯で、みずから動けなかったことが悔恨の思いです。

熊本地震では料理チャリティーに参加しましたが、料理人としてできる最大の支援は、被災地の生産者を応援して、彼らの素材を使い続けていくこと。その思いから、本書では被災地からの素材には産地名を入れています。

この本の料理の写真を見て、ルセットを読んで、若い料理人が自分でも作ってみたいと思ってくれるとしたら、この上ない喜びです。ルセットはできるかぎり詳細に紹介していますが、一方で料理はルセットだけではないことも、伝えたいのです。料理はつねに変化するもの。本書の61品をひとつの通過点として、これからも進化を続けていくつもりです。

もくじ

はじめに 2

# レストラン リューズのスペシャリテ、現在形 8

雲丹のフォンダン すだちの香る冬瓜のソースを注いで 10
関鯵の瞬間マリネを野菜のミルフィーユにのせて 花穂のアクセントで 12
新玉ねぎのムースに木の芽の香る小柱と蛤のジュレと共に 14
生姜の香るスッポンのロワイヤルとクロケット 16
色彩々の山菜と野菜を旨みジュレにのせて 黒オリーブのアクセントで 18
鴨のフォアグラのソテーと筍のエチュベ 花山椒を添えて 20
秋刀魚、長なす、トマトコンフィーのルエル 苦味の効いた肝ソースとハーブソースで 22
島根産天然アワビのロースト 緑竹のソテーと共に 肝ソースで 24
鮎のクルスティアン 焼きなすのピュレと共に 生姜と蓼のアクセント 26
甘鯛を松笠焼きに 蕪のラメルとソテーを甘鯛のエッセンスで 28
アオリ烏賊と白アスパラガスのプランチャ焼きにグアンチャーレをのせて 30

# 1つの素材を2皿の料理に 32

白バイ貝とジャンボマッシュルームをエスカルゴバター風味で 34
白バイ貝をレモンの香るフヌイユのサラダときゅうりソースと共に 36
黒トリュフとパルミジャーノをふりかけた温度玉子 黒トリュフのピュレと共に 38
天然帆立貝と筍のエチュベ 黒トリュフの香り 40
ブルターニュ産オマール海老をソースアメリケーヌで ジロール茸のフリカッセをあしらって 42
ブルターニュ産オマール海老のティエド バニラの香るヴィネグレットとマンゴーと共に 44
鱧のベニエに夏野菜を添えて 酸味と辛味の効いたコンディメントと共に 46
鱧のオリーブオイル焼きを木の芽の香りと鱧のブイヨンを注いで 48
豚足と茸のクレピネット ポテトピュレと共に マデラソースで 50
十日町妻有ポークのロース肉をシンプルにロースト
　　津南産アスパラガスとかんずりをからめた新じゃが 52
新潟大河内津水の真鴨をサルミソースで 芹を加えたごぼうと腿肉のブリック添え 54
イチジクの葉に包んで焼いたシャラン鴨
　　佐渡産黒イチジクのヴェルジュ風味とラディッシュのグラッセ 56

## 引き継ぐ料理　58

ホワイトアスパラガスのババロア仕立て　オシェトラ・キャビアと共に　60
毛蟹、アボカド、りんごのアンサンブルにトマトのエスプーマをのせて　62
黒トリュフのタルト　リューズスタイルで　64
鴨とフォアグラのソーシソン　りんごと根セロリのサラダ　りんごのクーリー　66
魚沼産八色椎茸のタルト　ラルドの薄いヴェールで覆って　68
スズキのエスカロップをムール貝と共に　マリニエール仕立てで　70
岩手石黒農場ホロホロ鳥胸肉をファルスと共にロースト　モリーユ茸をヴァン・ジョーヌの香りで　72
蝦夷鹿のポワレをポワヴラードソースで　栗、銀杏、茸のフリカッセを添えて　74

## 素材の味をどう引き出すか、どこまで引き出せるか　76

トウモロコシのエスプーマと海水雲丹をコンソメジュレに浮かべて　78
ホタル烏賊のコンフィーにそら豆の軽いムースとアンチョビソースを添えて　80
甘海老のタルタルを蕪に挟んでラヴィオリに　春菊のクーリーソースで　82
車海老のポッシェ　オレンジ風味のにんじんと燻製クリームを添えて　84
桜カジキの燻製と根菜のサラダを重ねて　ビーツのヴィネグレットで　86
カリフラワーのガトーとズワイ蟹のアンサンブル　オーロラソースで　88
真鯖の軽い燻製をタプナード風味のなすと共に　オリーブ入りのトマトジュレを添えて　90
フォアグラのソテー　南高梅のコンフィチュールと梅干しのキャラメルソース　92
天草地牡蠣のコンフィー　ほうれん草、にんにくのピュレ　チョリソをのせて　94
赤座海老のソテーとエマルジョンソース　柚子風味のカリフラワーのサラダを添えて　96
鳴門鯛のポワレ　ポワローのエチュベとパセリバターソース　98
マナガツオのムニエル　アーティチョークと厚岸草を添えて　100
真ハタのエチュベと新玉ねぎを黒こしょう風味のジュで　粒マスタードのアクセント　102
太刀魚のソテー　バージンオリーブオイルのエマルジョンとトマトコンフィーソース　104
平目のポワレ　サラダ菜のソース　セロリと落花生のコンディメントをのせて　106
熊本あか牛のコールビーフとレフォールのクレームを季節の野菜とコンソメジュレと共に　108
仔兎フィレ肉のロティとパプリカのミトネをバジル風味で　ラルドに包んだ蛤を添えて　110
仔牛ローストをパルミジャーノの香りで　雪下にんじんのロティとじゃがいものニョッキ　112

## レストラン リューズのデザート 114

飴のチューブにイヴォワールのムースとサンギーヌのコンフィチュールを詰めて カヴァのジュレとソルベ 116
桜の香るフロマージュ・ブランのグラスとジュレ 小豆のクレームと共に 118
ブランマンジェに苺のペティヤン ミントの香る練乳のグラスをのせて 120
軽やかなヌガー・グラッセにフランボワーズのエスプーマ・ソース 122
フレッシュライチとリュバーブのコンポート ココナッツのソルベとともに 124
バジルのソルベをパイナップルのムースとココナッツのスープに浮かべて 126
白桃のマリネとジュレを赤紫蘇のソルベと共に 梅エキュームを添えて 128
パッションフルーツを忍ばせたマンゴーのガトー ライムとローズマリーのグラス 130
栗のムースリーヌと和三盆のエスプーマ 蒸し栗をふりかけて雪見立てに 132
なめらかなショコラとジャスミンティのグラス カシスの酸味をアクセントに 134
胡麻のフィユティーヌに挟んだキャラメルのムース 焙じ茶のグラス 136
プラリネ・ショコラ・キャラメルのガトー モカのグラスを添えて 138

レストラン リューズの今日まで、
そして明日に向かって 140

ルセット 145
あとがき 207

レストラン リューズの
スペシャリテ、現在形

日本人だからこそできる素材の目利き、精密な技、繊細な味つけを日々探究し、培ってきた自分流のフランス料理。この中には素材への感謝、日本とフランスの食文化への尊敬の念がこめられている。

## 雲丹のフォンダン
## すだちの香る冬瓜のソースを注いで

Langue d'oursin sur son fondant
au coulis de "Tougan" acidulé et parfum de sudachi

「雲丹豆腐」のイメージで、とろけるようになめらかなフォンダンに仕立てた。ベースは帆立の風味を加えた昆布出汁に、雲丹は生と塩蔵加工品の2種を合わせ、葛粉でつないで固める。ゼラチンだけ使ったときとは違う、独特のねっちり感がつけ加えられるのが、葛粉ならではの効果。ベースには生クリームを使い、その乳脂肪分でフランス料理らしいコクを足した。冬瓜のソースはちょうど日本料理のすり流しのように、ブイヨンで炊いてから粗めの網で漉し、ほどよい食感を残している。

Recette P145

## 関鯵の瞬間マリネを
## 野菜のミルフィーユにのせて
## 花穂のアクセントで

Aji mariné sur mille-feuille de légumes croquants
aux jeunes pousses de shiso

日本の鯵のなかでも最高峰といわれるのが、大分市の佐賀関で水揚げされる関鯵。値段も高いが、ともかく身の締まり方が、普通の鯵とはぜんぜん違う。サイズもとびきり大きい。ブランドを守り、高めるための品質管理が徹底されているのだろう。産地での締め方も素晴らしい。こんな魚に加熱するのはもったいないので、すだちの果汁で軽く〆るにとどめた。野菜のミルフィーユには、茗荷が欠かせない。隠し味としても、なにより全体の風味を決定づける力を持つ和製ハーブである。

Recette P146

## 新玉ねぎのムースに
## 木の芽の香る
## 小柱と蛤のジュレと共に

Coquillage et mousseline d'oignon nouveau
recouverts d'une gelée de palourde

水分を豊富に含み、他の季節にくらべて甘味が格段に強い新玉ねぎ。2月後半に九州産が出始め、産地を北上しながら、5月いっぱいまで愛用している。最初にオリーブオイルでしっとり炒めることで特有の匂いを取り除き、純粋なピュレに仕立てたら、あとは生クリームを合わせてゼラチンで固めるだけ。その甘味と香りを十二分に楽しめるシンプルなムースである。小粒ながら食感と旨みともに、個性のしっかりした小柱を合わせるのは2016年スタイル。蛤のジュレは塩だけだと味が締まらないため、醤油だと感じさせないほど少量の白醤油を加え、その効果を最大限に発揮させる。

Recette P147

## 生姜の香るスッポンのロワイヤルとクロケット

Consommé lié de tortue relevé au gingembre et cive sur sa royale
croquette de tortue

もともと客として専門店で賞味するスッポン料理は好物だったが、やはり殺生することには抵抗があり、なかなか手を出せなかった。だが、料理人であるからには、生き物の命をいただく実感と実践は欠かせない。思いきって2016年からチャレンジしているのが、スッポン料理である。始めたからには無駄にすることなく、全部の部位を使いきろうと思う。独特の香りがする出汁は、スープとフランに。スープの生姜とシブレットは、スッポンの臭みを消すという消極的目的からではなく、相性のよさからたっぷりと加える。スッポンの肉は豚バラ肉をつなぎに、クロケットとして添えた。

Recette P148

## 色彩々の山菜と野菜を旨みジュレにのせて
## 黒オリーブのアクセントで

Multicolore de légumes sur gelée de "UMAMI" aux olives noires

雪国育ちなので、春になると両親と山菜採りに出かけるのが年中行事。当たり前のように山菜を食べて育った。いまも、ワラビやコゴミ、ウルイは田舎から送ってくれたものを使っている。最近は人口栽培の山菜が普及しているが、やはり雪の下から芽吹いた自然の山菜は、味も香りも全然違う。その生命力を感じていただくため、動物性の材料は旨みジュレのベースの出汁に使った鰹節と干し貝柱だけに抑えた。出汁は鰹の風味が出すぎると和に傾きすぎるため、ほどよい塩梅が肝心だ。

Recette P149

## 鴨のフォアグラのソテーと筍のエチュベ 花山椒を添えて

Foie gras de canard sauté escorté d'une étuvéede pousse de bambou
à la fleur de poivre japonaise

リューズのオープン以来ずっと、春になると三浦半島のながしま農園にスタッフ全員で筍掘りに行き、素材に直接ふれる機会を持っている。農作物を栽培することの大変さ、農家の苦労を知ることが、料理作りにも現れると考えるからだ。掘りたての筍はアクがないので、糠と唐辛子は使わず、米のとぎ汁でゆでるだけで十分だ。筍が出始めるのは３月中旬から、花山椒は春の２〜３週間しか出回らない。短い季節の邂逅を楽しんでいただきたい一皿。花山椒のやさしい辛味で、フォアグラの脂がさっぱりと食べられる。

Recette P150

## 秋刀魚、長なす、トマトコンフィーのルエル 苦味の効いた肝ソースとハーブソースで

Sanma grillé et aubergine mitonnée en rouelle
sauce tapenade amère et aux herbes

秋刀魚は皮を焼いたとき、その個性の強さがよく分かる。ルエルとは「筒切り」という意味で、ときにはバロティーヌにすることもあるが、秋刀魚が全体に占める比率はそれほど多くないにもかかわらず、十二分に存在を主張する。青背の魚の特徴だと思う。魚に個性があるから、他の素材と合わせやすく、組み合わせを間違えなければ。双方ともよく寄り添い合う。秋なすとの相性は定番だ。なすは煮浸しにするが、このとき中心まで完全にゼラチン入りの汁をよく含ませるのがポイント。冷え固まったときに、ゼラチンで汁の味がなすの内側にとどまり、ピュレとも、日本料理の煮浸しとも異なる食感に仕上げられる方法だ。

## 島根産天然アワビのロースト
## 緑竹のソテーと共に　肝ソースで

Ormeau cuit tendre puis rôti

et "Ryokuchiku" sauté avec son essance

アワビは殻つきのまま、昆布と日本酒をかけてラップで包み、さらに真空パックにかけて95℃のスチームコンベクションオーブンで6、7時間加熱。ある程度の弾力を残す火入れである。同じアルコールでも白ワインは酸味が邪魔になり、日本酒でないと駄目である。真空のメリットは旨みと香りが身に閉じ込められ、煮汁の風味が身に移り、肝の香りも身に染みることだ。仕上げにバターを軽くからめて温め、肝入りのソースでシンプルに楽しんでもらう。肝は苦味とコクに個性が強いため、グリーンペッパーのピリッとした辛味で引き締めた。

Recette P150

# 鮎のクルスティアン
# 焼きなすのピュレと共に
# 生姜と蓼のアクセント

Ayu croustillant au gingembre sur purée d'aubergine grillée
avec son essence au "Tade"

鮎は日本料理の炭焼きにかなう食べ方はないと思い、手を出すまいと決めていた魚だったが、2014年の夏から挑戦している。頭から尻尾まで無駄なくすべてを使いきるため、盛りつけから除外した頭はソースベースに利用。いったん骨と内臓を取り去って三枚におろしたのち、骨煎餅に焼き上げた中骨と肝のペーストをフィレで挟んでもとの形に戻し、パート・ブリックで包んで焼き上げる。ブリックで炭火焼きのカリカリした皮の香ばしさを、付け合わせの焼きなすピュレで燻し香を表現したつもりである。ソースと骨煎餅に使用した鮎魚醤は、全国で大分県日田市の醤油蔵だけが作っている逸品。炭がなくても、また鮎の個体差に左右されずに、おいしい鮎が食べられるよう工夫した一皿である。

Recette P152

## 甘鯛を松笠焼きに
## 蕪のラメルとソテーを
## 甘鯛のエッセンスで

Amadaï cuit en écaille aux navets sauce corsée

松笠焼きは日本料理における甘鯛の定石。炭火を使わず、ソテーで美しくウロコを立たせるためには、大型すぎない甘鯛を使用する。松笠焼きの原理は、ウロコの間に入っている水分が熱でわき立つことによって、ウロコを立たせる。まず塩を当てて少し水分を抜くが、このとき乾燥すると開かなくなるため、ウロコは保湿しておく。次に網バットにのせて下に水を張り、サラマンドルで炙りながらウロコを少し浮き立たせてから、高温のオイルで焼く。こうすると、サクサクに香ばしい松笠焼きができる。甘鯛のエッセンスを凝縮したソースは葛粉でつなぎ、独特の濃度で仕上げた。

Recette P153

# アオリ烏賊と白アスパラガスの
# プランチャ焼きに
# グアンチャーレをのせて

Calamar et asperge blanche sautés à la plancha au guanciale

アオリ烏賊は、日本料理における包丁技の素晴らしさ、深さに開眼した素材。身の両面に和包丁でぎりぎりの深さまで、切れ目を斜めに細かく入れる。いわゆる蛇腹切りだが、断面の面積が増えることによって、劇的に食感が変わるのだ。厚みがあり大型の烏賊だからこそ、可能な切り方である。この技法を知ってから、アオリ烏賊を使うようになり、いつしか定番となった。日本料理では刺身でねっとりとした食感を楽しむが、ソテーに。するとフランス料理の加熱の技術で新しいおいしさの地平線を開くべく、生のときとは別の魅力が生まれた。ピリッとした烏賊の旨みと甘味が広がり、グアンチャーレの脂肪分と塩分で、烏賊のやさしい味わいを引き締める。刺激的なコンディメントと、

Recette P154

1つの素材を
2皿の料理に

ある素材を、「フランス人だったらこうする」と「日本人的思考ならこうなる」の2皿に作り分ける。どちらも自分の中にある日仏の風土、料理の歴史と伝統に基づく表現の対比を試みた。

白バイ貝

## 白バイ貝とジャンボマッシュルームを
## エスカルゴバター風味で

Bai-gai et gros champignon de Paris au beurre d'escargot

バイ貝、ツブ貝などの巻き貝は、日本料理では刺身でコリコリとした歯応えと甘味を、煮付けで柔らかい弾力を楽しむことが多い。フランス人なら、同じ巻き貝のエスカルゴに見立てるのではないか。そう考えたのが、この料理。エスカルゴのブルゴーニュ風からのアレンジである。ただ、専用の器で焼く昔ながらのやり方では、高温のバターの中でバイ貝の繊細な身が固く引き締まりすぎ、ゴムのようになってしまう。そのため、いったんコンフィーにしたバイ貝をエスカルゴバターで熱くなるまでからめるにとどめた。仕上げにエスカルゴには定番のクルトンをふることも、フランス料理として成立させるキーポイント。まるで肉を思わせるジャンボマッシュルーム、浅めに火入れした豆類。ふたつの食感との対比も狙いのひとつである。

Recette P155

# 白バイ貝をレモンの香る
# フヌイユのサラダときゅうりソースと共に

Bai-gai confit au concombre escorté d'une salade de fenouil au citron

ツブ貝を最大級に柔らかく食べられる方法として選んだのが、コンフィーという方法。だが、従来の長時間加熱ではない。常温の油に生の身を入れて、弱火でやさしく温度を上げていって60℃に到達したら完了。半生状態のしっとりとした身をティエド（生温かい）で食べてもらう。ソースは、皮と身を別々に火入れしたきゅうりのクーリー。きゅうりは味が薄いようで、実は生食でも十分に個性を楽しめる野菜だが、加熱すると独特の青臭さが消えて、新しいおいしさが生まれる。フランス料理の手法を使って、日本人が日頃から親しんでいる普通の野菜の、知られていない側面を引き出せたときは、格別の嬉しさである。

Recette P156

黒トリュフ

# 黒トリュフとパルミジャーノを
# ふりかけた温度玉子
# 黒トリュフのピュレと共に

Œuf de poule mollet au Parmesan avec une purée de truffe

黒トリュフがあると、気持ちが浮き立ってくる。フランス料理の職人ならば、だれもがそうだろう。強烈な個性を持ちながらも万能選手で、どんな相手にでも旨みと香りを寄り添わせ、相乗効果を生み出してくれる。とりわけ、卵とトリュフは万人に受け入れやすいおいしさ。フランスでは、オムレツやスクランブルエッグ（ウ・ブルイエ）が、トリュフ料理の代表格である。トリュフと一緒に密閉容器に入れた卵で作れば、最高の贅沢だ。ここで使用した「温度玉子」という手法は、68℃まで加熱する温泉玉子より4℃低い64℃で止めることによって、白身がスープ状に仕上がるのが特徴。黄身も白身もとろけるような舌ざわりにゆで上がり、パコジェットで仕上げたトリュフピュレの極上のなめらかさとは、間違いのない組み合わせである。

Recette P157

黒トリュフ

## 天然帆立貝と筍のエチュベ　黒トリュフの香り

Noix de coquille Saint-Jacques
et pousse de bambou étuvés aux truffes noires

フレッシュな黒トリュフと筍が揃うのは、3月のごくわずかな時期だけだ。冬の終わりと春先、ともに土から掘り出した素材同士、出会いの組み合わせに海の幸をプラスして、三位一体のおいしさにまとめ上げた。帆立貝はトリュフの香りを加えることによって、淡白で甘いだけではなく、旨みが際立ってくる。筍の煮汁とジュ・ド・サンジャックでやさしくエチュベして、貝柱の筋肉質がふわっとほぐれるような食感に仕上げると同時に、筍とトリュフの風味をめいっぱい吸収させてみた。

Recette P157

# オマール

## ブルターニュ産オマール海老を
## ソースアメリケーヌで
## ジロール茸のフリカッセをあしらって

Homard breton en tronçon
et escorté d'une fricassée des girolles, sauce américaine

オマールといえば、ソース・アメリケーヌ。フランス料理の技術の結晶ともいうべき不動の組み合わせだ。昔はソースの中でオマールに火を入れていたが、いまはオマールは単独で焼き、ソースには入れずに仕上げている。修行時代、まだ日本でカナダ産のオマールしか手に入らなかった頃は、ガラをほぼ100％のブイヨンで煮込んでソースのベースになるフォンをとっていたが、旨みも香りも段違いに強いブルターニュ産オマールならば、逆にほぼ水だけで十分に味の乗ったフォンができる。かつてブルターニュで修行していたとき、「ソース・アメリケーヌを作れるか？」と腕試しされたことがある。そこで、ガラをふんだんに使ってブイヨン100％で煮込んだところ、両方の旨みが濃すぎたため、まったくおいしくないソース・アメリケーヌが出来上がってしまった。料理で1＋1は必ずしも2にならないことを学んだ、忘れられない出来事だ。

Recette P158

## オマール

## ブルターニュ産オマール海老のティエド バニラの香るヴィネグレットとマンゴーと共に

Homard breton tiède à la vinaigrette au citron vanillé
servi avec des mangues et des courgettes

軽く湯通ししただけのオマールを、殻つきのままソテー後、サラマンドルでしっとりと焼き上げてエキゾティックなソースと組み合わせた。オマールとバニラはヌーヴェル・キュイジーヌの巨匠、アラン・サンドランス氏のスペシャリテとして名高いが、海老の甘味とバニラの濃厚な香りは、たしかに素晴らしい相性。バニラは南国の素材なので、マンゴーとパクチーというトロピカルな素材を選び、エキゾティックな趣向でまとめてみた。甲殻類の甘味、香り、やわらかさを甘酸っぱいソースで楽しんでもらう、夏の一皿である。

Recette P159

鱧

# 鱧のベニエに夏野菜を添えて
# 酸味と辛味の効いたコンディメントと共に

Hamo en beignet aux légumes d'été avec un condiment acidulé et piquant

鱧料理の技法では、骨切りがあまりにも有名だが、実は軟骨が残らないように背びれを抜くなど、それ以前の下処理のほうがさらに難しい。重く、刃先の鋭い専用の包丁を用いて行う骨切りは、日本料理の世界でも熟練の技を要するといわれる。職人によってやり方はいろいろだが、私の場合は、繊維と細胞を壊さないように長いストロークでゆっくりと切っていく。鱧の淡白な白身は揚げ物で賞味するのに適するが、重くなりすぎないようフランスのベニエ生地ではなく、生地中の油が抜けて網状に変わり、サクサクと究極に軽く揚がる衣をまぶしてみた。中国料理の技法からのアレンジである。熱い季節向けの一皿として、ソースとして野菜をたっぷり敷き、ピリッと刺激的なコンディメントを薬味がわりにあしらっている。

# 鱧

## 鱧のオリーブオイル焼きを
## 木の芽の香りと鱧のブイヨンを注いで

Hamo effilé cuit à l'huile d'olive agrémenté de "Kinome" dans son fin bouillon

鱧の骨切りとは、身の部分にたくさんある硬い小骨を皮一枚残して細かく切る作業。骨切りしたあと、湯引きをすると切り込みを入れたところから一気に身が開き、牡丹の花のように見えるのがこの一皿。「牡丹鱧」と呼ばれる。その淡白だが、味のある白身をストレートに生かすのが多めのオリーブオイルをかけ、サラマンドルに入れ、オイルの熱で中まで温度を上げる。すだちの皮をふりかけ、木の芽を散らす。鱧から抽出した透き通ったブイヨンにすだちを数滴と、香川県産の軽やかで香り高いオリーブオイルを落としただけのシンプルなスープで味わっていただく、リューズ流鱧椀。鱧の下には、梅のピュレをのせた賀茂なすが隠れている。梅肉はあまりにも和に寄りすぎるため、敬遠してきた材料だが、やはり定番の相性は外せないと、2016年バージョンから登場させている。

Recette P161

豚

## 豚足と茸のクレピネット
## ポテトピュレと共に　マデラソースで

Crépinette de pied de porc aux champignons sur pommes purée sauce Madère

発想のもとになったのは「カイェット」。豚の挽肉と野菜からなるファルスを網脂で包んだ、フランス南部のラングドック地方、ドーフィネ地方の郷土料理である。ファルスの豚バラ肉はいったん赤身と脂肪の部分に分け、赤身4対脂肪1の比率で配合。ロボクープでペースト状の手前、粒が残る程度まで挽いて肉の繊維質を残し、食感のアクセントとして肉の2割量の豚足を合わせた。元来、素朴なシャルキュトリー料理だが、トリュフやフォアグラを合わせればディナーの贅沢なメインディッシュとしても成立する。付け合わせは、じゃがいものピュレ。ロブション氏のイメージがあまりにも強いので普段は使うのを控えているが、このようなクラシックな料理とは、やはり盤石の相性を見せてくれる。

Recette P163

# 豚

十日町妻有ポークの
ロース肉をシンプルにロースト
津南産アスパラガスと
かんずりをからめた新じゃが

Côte de porc simplement rôtie aux asperges vertes
et pommes saveurs de "Kanzuri"

妻有ポークは私の故郷、新潟県十日町、妻有地域の10牧場が手を組み、薬剤・油脂無添加の穀物飼料使用など、同一の飼育法でブランド化した銘柄豚である。妻有地域はとくに雪深いエリアなので、豚たちはきれいな水を飲んで育つ。季節による寒暖の差が大きいために、身が引き締まるのも特徴だ。肉はなめらかな質感を持ち、脂には嫌な臭みがなく、さらりとして甘い。そのおいしさを引き出すには、シンプルに焼き、シンプルなジュを合わせるのが一番。肉汁の損失を可能な限り防ぐため、低温で40分から1時間かけてゆっくりと火を入れる。付け合わせは、やはり新潟県の特産品「かんずり」で味つけた新じゃがと、津南産のアスパラガス。田舎で「木のぬくもり」に囲まれて育った私が、そのイメージをデザインで表現してもらったオリジナルの飾り皿に盛りつけて、生まれ育った土地への感謝をこめた。

Recette P162

# 鴨

## 新潟大河津分水の真鴨をサルミソースで芹を加えたごぼうと腿肉のブリック添え

Col-vert rôti sauce salmis escorté des salsifis au "Seri" et sa cuisse en brick

最近では、人気の素材として定着したジビエだが、野生動物だけにクセと個性が強く、万人が心の底からおいしいと感動できるような種類は、実はそれほど多くない。真鴨は、肉も内臓も本当においしいと思える数少ない例外だ。私が使っているのは、新潟県長岡市付近の大河津分水で網捕りした真鴨。やはり雪国の鴨は脂の乗りが違う。熟成はさせずに、1週間くらい置いて筋肉がほぐれたくらいで料理する。サルミソースは、野鳥のローストには王道のソース。胸肉はロースト、腿肉はコンフィーにした砂肝、心臓と合わせてブリック包みにした。水鳥である真鴨の皮はビニールコートを着ているような状態になっているので、バーナーで表面を焼き切ってからよく水洗いして落とし、2、3日間ほど冷蔵庫で乾燥させる。こうすると、焼き上げたときの皮のパリッとした食感がひときわよくなる。

Recette P165

# 鴨

## イチジクの葉に包んで焼いたシャラン鴨 佐渡産黒イチジクのヴェルジュ風味とラディッシュのグラッセ

Canard challandais cuit dans une feuille de figue
servi avec des figues verjutées et radis glacés

シャラン鴨とは、フランスのシャラン北部の限定された地域で餌、飼育方法などの基準を満たし、飼育された鴨。ビュルゴー家は4代続く代表的な生産者。ビュルゴー家の鴨はまさに飼育鴨の最高峰で、肉の味も脂の旨さも別格。一度この鴨を知ると、ほかの鴨は使えなくなってしまうほどだ。そのジューシーさを損なわないため、火入れもより入念にならざるを得ない。真鴨と同様に冷蔵庫で2日間ほど乾燥させたのち、皮に細い切れ目を入れて脂肪をよく落としながらパリッと焼き、イチジクの葉で包んでロースト。葉のいい香りが移り、味わいがより深くなる。古典料理では鴨には甘いソースを合わすのが定番だが、日本人的な味覚では食べ疲れてしまう。そこで、鴨にはシンプルなジュだけ、付け合わせのイチジクとラディッシュで甘酸っぱいアクセントを加えてみた。黒イチジクはフランス原産の糖度が高い品種で、新潟県佐渡市小木町の特産品である。

Recette P164

# 引き継ぐ料理

これまでに学んだ先輩シェフの
スペシャリテや卓越した技術、
フランス修行時代に感銘を受けた郷土料理。
それぞれの素晴らしさを再確認しながら、
現在のリューズスタイルで進化させる。

# ホワイトアスパラガスのババロア仕立て
# オシェトラ・キャビアと共に

Asperge blanche en bavarois sur caviar osietra et gelée d'asperge

ロブション氏のスペシャリテである「キャビア、甲殻類のジュレになめらかなカリフラワーのクレーム」からのアレンジ。組み合わせの見事さはもちろん、クレームには旨みの一滴も残らないほどきつく絞ったカリフラワーの汁を使って作り、コーンスターチと卵黄でつなぐという手法が独特だった。そのテクニックを自分なりに応用し、ホワイトアスパラガスのはんなり、まったりとした食感を生かすべくババロア仕立てに。ピュレにコーンスターチで濃度をつけたあとに卵黄、生クリーム、クレーム・ドゥーブルを合わせてゆっくりと炊いていく。古典的なブルーテの変形だ。小麦粉のかわりにコーンスターチで軽さを出し、卵と乳製品でコクと濃厚なおいしさを加える。空気はあまり含ませずに、あえてババロアに仕上げ、一番下にはシンプルなホワイトアスパラガスのジュレ、中段にはたっぷりのキャビアを忍ばせている。

Recette P166

## 毛蟹、アボカド、りんごのアンサンブルに
## トマトのエスプーマをのせて

"Kegani" effiloché à l'avocat aux pommes
accompagné d'une mousseline de tomate

まるでお菓子とみまがうほど美しいロブション氏の「完熟トマトと毛蟹のミルフィーユ仕立て」における主要構成要素、トマト・毛蟹・アボカドはそのままに、組み立て直した一皿。ロブション氏の料理は、トマトと毛蟹、毛蟹とアボカド、トマトとアボカド、どれも間違いのない組み合わせを驚くばかりの繊細さで表現した前菜だった。私はフルーツトマトを使って、エスプーマでより軽く、より爽やかに。下から、アボカドと青りんご（グラニースミス）、フルーツトマトのスライス、ヴィネグレット・ソースであえたサラダ菜、軽いカレー粉風味の毛蟹、トマトのエスプーマを層に重ねて、プティガトーの形に作り上げた。

Recette P167

# 黒トリュフのタルト　リューズスタイルで

Truffe noire "Tuber melanosporum" en tarte à ma façon《Ryuzu》

「トリュフのガレット」は、「ジャマン」で一世を風靡したロブション氏の名高いスペシャリテ。一分の隙もない盛りつけがまず、見る人の目を奪ったものだ。厳しく選別した一級品のトリュフを正確に薄く切り、1枚ずつ丸く抜き取って、ガレットの上に緻密に並べるという芸術作品のような料理で、使用するトリュフの枚数も厳格に決められていた。私も黒トリュフは非常に好きな素材で、たしかに計量せずに盛ると、つい量を使いすぎてしまうほどだ。このタルトは、デュクセルをのせてラルドの薄切りをかぶせたパイの上に、トリュフをこんもりとラフに持ってボリューム感を出す。時間をかけず、素早く仕上げられるので、香りをいっさい逃さない。

Recette P168

# 鴨とフォアグラのソーシソン
# りんごと根セロリのサラダ りんごのクーリー

Saucisson de canard au foie gras
accompagné d'une salade au céleri-rave et pommes

この料理は、「鴨とフォアグラのテリーヌ」のファルスをソーセージに形作ったもので、非常にクラシックな仕立て。ひとりの先輩シェフというよりは、これまで学んださまざまな方法を、現在のルセットに集約させたものだ。ファルスには鴨肉とフォアグラのほかに豚バラ肉、背脂、白レバーを混合し、アルコールもマデラ酒、コニャック、ソーテルヌの3種をふんだんに利かせてマリネした。火入れに関しては現代的で、スチームコンベクションで75℃5分、65℃に落として20分加熱。成形はラップでくるむだけと簡便で、テリーヌの形にするより食べやすく、小分けにできるので提供しやすい方法である。

Recette P169

## 魚沼産八色椎茸のタルト
## ラルドの薄いヴェールで覆って

Shiitake en fine tarte croustillante
sous une voile de lard de Cinta Senese

「ラトリエ・ドゥ・ジョエル・ロブション」のシェフ時代、いつでも生ハムの切れ端が大量に出て、冷蔵庫にストックしてあった。「これを何とか有効活用しよう！」そこで思い浮かんだのが、1993年に「ミッシェル・ブラス」を訪ねたときに食べたセップのタルト。くるみのペーストを塗ったパイにセップの薄切りをのせて焼いたそれは、忘れがたいおいしさだった。生ハムのみじん切りを使いつつ、茸をタルトに仕立てるのはいいアイデア。だが、セップだとブラス氏と同じになってしまう。「日本の椎茸でいいじゃないか！」当たり前でありふれた日本の素材に手をかけ、新しい味を引き出したいと思ったのである。そこで完成したのが、干し椎茸を使ったデュクセルに、生の椎茸を組み合わせたこのタルトである。八色は十日町から40分ほどのところにある町で、特産の八色椎茸は大形で肉厚、菌床栽培なので食感がやさしいのが特徴である。

Recette P170

## スズキのエスカロップをムール貝と共にマリニエール仕立てで

Bar en escalope à la marinière aux moules et au céleri

「スズキのマリニエール風」は、80年代から多くの日本人シェフが再現した「ジョルジュ・ブラン」の有名なスペシャリテ。薄切りのスズキをサラマンドルで温め、マリニエール・ソースを合わせたシンプルな魚料理である。私は原形よりも魚に厚みを持たせてしっとりと火入れし、北仏モン・サン・ミッシェル産ムール貝の深い風味と、セロリの清涼感ある香りをプラスしてみた。ソースは固形のバターではなく、水と乳化させたブール・バチュを加えて仕上げているので、とても軽く食べられる。

Recette P171

# 岩手石黒農場ホロホロ鳥胸肉を
# ファルスと共にロースト
# モリーユ茸をヴァン・ジョーヌの香りで

Suprême de pintade rôtie avec une fine farce, fricassé des morilles au vin jaune

スイスに近いジュラ地方は、ワイン産地であると同時に、家禽類や野生の茸など、さまざまな素材の宝庫。湿地帯もあり、鱒などの川魚も豊富だ。しかし、私にとってもっとも思い出深いのが、鳥肉とヴァン・ジョーヌとモリーユ。ジュラの郷土料理における定番の組み合わせを、岩手県の石黒農場で飼育されたホロホロ鳥を使って再現してみた。このホロホロ鳥は繊細なうえにゼラチン質も豊富に含み、フランス産に遜色ない品質。よりしっとりと仕上げるためにファルスと合わせローストした。ヴァン・ジョーヌはジュラ特産の白ワインで、独特のシェリーのような香りを持つ。その香りを、泡の中に封じ込めて盛り込む。伝統料理では乾燥モリーユをクリーム煮にするところを、フレッシュのモリーユをシンプルなソテーにし、アスペルジュ・ソバージュとともに添えた。地方色はそのまま、すべてを軽く仕立てた一皿。

Recette P173

## 蝦夷鹿のポワレをポワヴラードソースで 栗、銀杏、茸のフリカッセを添えて

Noisette de chevreuil poêlée aux champignons des bois fricassés sauce poivrade

鹿肉とポワヴラードソースは王道の組み合わせだが、ポワヴラードソースは作り手による違いが大きく、クラシックなだけに料理人の考え方が現れやすい。私はロブション氏のやり方を踏襲している。その特徴は、ソースが非常に「きれい」なこと。雑味がいっさいなく、非常に洗練された味わいである。そのために必要なのは、クリアなソースベースを取ることだ。仕込み方は独特で、香ばしくローストした鹿の骨を一晩赤ワインで漬け込んでから、その赤ワインとともにフォン・ド・ヴォーとブイヨン・ド・ヴォライユも加え、ゆっくりと煮込んでいく。このとき、アクと脂は徹底的に除き、澄んだ液体に仕上げなくてはならない。また、加えるガストリックは砂糖を焦がしすぎず、苦味は抑えて、すっきりとした甘酸っぱさに。ひとつひとつの作業の丁寧な実践が、凛とした芯はあるが軽く、ピュアな味わいに結実することを学んだソースである。

Recette P175

素材の味を
どう引き出すか、
どこまで
引き出せるか

いちばん大切にしているのは、素材感の表現。
ひとつひとつの素材に「目に見えない仕事」を
たくさん積み重ねながら、
素材のおいしさがはっきりと分かる
シンプルなかたちに仕上げるのが流儀。

## トウモロコシのエスプーマと
## 海水雲丹をコンソメジュレに浮かべて

Éspuma de maïs et langue d'oursin
accompagnés d'une gelée de consommé de volaille

子どもの頃、見よう見まねで自作したこともあるほど、コーンポタージュが好きだった。洋食に目覚めるきっかけを作った、思い出の料理である。甘くてやさしいあのおいしさを、究極に軽いムース、エスプーマの形で再現してみた。トウモロコシの実は、トウモロコシの芯から取ったブイヨンで炊いて風味を凝縮するのがポイントだ。コンソメジュレと合わせるだけでも十分においしいが、雲丹の甘味・塩味との相性も抜群で、贅沢な味わいが生まれる。使用した品種は、新潟県津南町産のゴールドラッシュ。粒が大きくジューシーで、爽やかな甘味を持つ黄粒種である。

Recette P176

# ホタル烏賊のコンフィーに そら豆の軽いムースと アンチョビソースを添えて

Hotaruika confit accompagné d'une mousseline aux fèves relevé à l'anchois

ホタル烏賊の旬は3月末から4月。ふっくら太った柔らかい身を生かすため、スパイスの香りを移したオリーブオイルでコンフィーにした。冷たいオイルに冷たい身を入れて、低温でゆっくり60℃まで上げたら完了。このままストックしておき、盛りつけ直前に軽く温め、ティエドの状態で提供する。濃厚なわたのおいしさはそのまま、ボイルしたものとはまったく違う食感が楽しめる。そら豆のエスプーマは、パコジェットでピュレを冷凍粉砕するのがポイント。裏漉したものとは比較にならないほど、舌ざわりがなめらか。パコジェットがないと不可能なエスプーマである。

Recette P177

# 甘海老のタルタルを
# 蕪に挟んでラヴィオリに
# 春菊のクーリーソースで

Tartare de "Amaebi" en raviole de navet au citron vert
avec un coulis de "Syungiku"

日本海産の甘海老をシンプルに味わう冷菜。ねっとりした身を、ライムの清涼感と蕪の食感ですっきり、あっさりと食べられるように仕立てた。蕪はあらかじめ昆布塩水に浸け込んで「見えないおいしさ」を足しておく。昆布塩水とは、塩入りの昆布出汁のことで、塩の量は使用する素材によって調整し、野菜の旨みを引き出すのに絶大な効果を発揮する。ただの塩漬けより格段に野菜が味わい深くなるから、昆布の力は本当に素晴らしいと思う。また、春菊を「日本のハーブ」として考えたクーリーは、独特の香りとほんのりした苦味で海老の甘味を引き締めてくれる。和の素材でまとめた一皿である。

Recette P178

# 車海老のポッシェ
# オレンジ風味のにんじんと
# 燻製クリームを添えて

Crevette pochée accompagnée d'une crème fumée
aux carottes à l'orange

車海老は、サイズによって20グラム以下のものは「才巻」、体長10センチで20グラム前後のものは「中巻」、25〜40グラムのものは「巻」、100グラムを超えると「大車」と呼ばれる。ここで使ったのは、特大サイズの大車。これだけ大きいと、ただボイルするだけで、十分に主役を張れる迫力。ゆでたてを、熱々ではなく、いちばん甘味を感じやすいチエドの状態で提供する。にんじんのサラダは色、味ともに海老との相性がよい。野菜の付け合わせだけではあっさりしすぎるので、冷燻にかけた生クリームで乳脂肪のコクをプラス。スモーキーフレーバーで、海老の甘味を引き締め、引き立てることができる。

Recette P178

# 桜カジキの燻製と
# 根菜のサラダを重ねて
# ビーツのヴィネグレットで

Thon légèrment fumé accompagné des racines
à la vinaigrette de betterave

カジキマグロは桜が咲く季節においしくなり、別名「桜カジキ」と呼ばれる。私は紀伊半島の那智勝浦から取り寄せており、この季節の脂の乗りは天下一品。逆に腹身のトロはこってりしすぎているため、背肉だけを使用する。スパイスと塩でマリネ後、じっくり冷燻にかけ、根菜類をたっぷりと盛り合わせ、カロリーが気になる方も安心して食べられる冷前菜に仕立ててみた。根菜は、紅くるり大根、紅芯大根、蕪、黄蕪、ビーツ、黄ビーツ、縞ビーツ、コールラビと色とりどり。それぞれ昆布塩水に1時間漬け込んで旨みを引き出しておく。根菜の中で、主役はヴィネグレットに使ったビーツ。ゆでて刻んで酢・油・マスタードであえるだけのシンプルなヴィネグレットだが、シャルドネヴィネガーで土臭さが抑えられ、甘味が引き立つ。シャルドネヴィネガーは、旨みと酸味、甘味のバランスがすぐれたスペイン産を愛用している。

086

Recette P179

# カリフラワーのガトーと
# ズワイ蟹のアンサンブル オーロラソースで

Crabes effilochés sur chou-fleur moelleux, sauce aurore

カリフラワーと蟹の相性のよさを生かした冬の前菜。はんなりした甘味とほのかな苦味。淡い味の内側に存在するカリフラワーの個性を、ムースの中に閉じ込めた。牛乳とブイヨンで煮て裏漉しし、生クリームと合わせるまでは通常のムースのプロセスだが、エスプーマとして仕上げて型に絞り、冷やし固める。こうすると、究極に軽いムースが出来上がる。このとき、隠し味にはカレー粉が欠かせない。主張しない程度の量を加えるだけで、カリフラワーと蟹、両方の風味を引き立ててくれる。シブレットオイルと、マヨネーズをソース・アメリケーヌでピンクに染めたオーロラソースで、独特のクリーミーな味わいを楽しんでもらう。

# 真鯖の軽い燻製をタプナード風味のなすと共に
# オリーブ入りのトマトジュレを添えて

Maquereau fumé et aubergine à la tapenade, gelée de tomate aux olives

鯖は難しい魚だ。日本人が食べ慣れているお惣菜魚だけに、既成のイメージを裏切って、なおかつリューズらしい料理に仕立てるには、高級魚にはない緊張を伴う。とはいえ、いまや鯖は価格からいっても大衆魚のカテゴリーからはとっくに外れ、豊後水道の「関サバ」のような高級ブランドもあるほど。旬は一般的に秋とされるが、脂の乗りが秋よりおだやかになって、身がシャープに締まった冬の鯖のほうがより好ましい。今回は舞鶴から取り寄せたが、時期に応じて関サバや三浦産を使うこともある。日本料理の定石に従って、最初に塩で脱水して味を凝縮し、1時間冷燻して軽くスモークの香りをまとわせた。最後に皮面だけを香ばしく焼いて、タプナードを塗ったなすの上に盛りつける。塩漬けにしたレモンの皮がアクセントである。

# フォアグラのソテー
# 南高梅のコンフィチュールと梅干しのキャラメルソース

Foie gras de canard sauté avec une confiture de "Nankou-ume"
au caramel de "Umeboshi"

毎年、初夏が来ると無農薬・無漂白の南高梅を産直で取り寄せ、シロップ漬けと梅干しを手作りしている。あくまで賄い用だったが、最近では赤紫蘇をふんだんに使って仕込む梅干しは、赤紫蘇を店の料理にも利用するようになった。ここでは、刻んだ赤紫蘇をたっぷり混ぜ合わせ、その香りと塩気、酸味でコンフィチュールの甘味を引き締めている。暑い季節には手が出づらいフォアグラのソテーを、梅で夏らしさを出し、独特の風味で爽やかに仕上げた一皿。

Recette P182

# 天草地牡蠣のコンフィー
# ほうれん草、にんにくのピュレ
# チョリソをのせて

Huître confite au chorizo sur purée d'épinard et l'ail

天草の地牡蠣は小粒の品種だが、レタンスと貝柱の量は真牡蠣に勝るとも劣らない。旬は2月からで、5月いっぱいまで出回る。サイズのバランスがよく、一口で食べやすいところも気に入っている。身の全体をぷっくりと加熱するため、2対1の割合のオリーブオイルとバターで80℃以下の温度でコンフィーにするが、このときオイルの中にチョリソとにんにくを風味づけに加える。「フローレンス風」と呼ばれるクラシックな組み合わせを応用し、ほうれん草のピュレを牡蠣の下に敷き、真ん中にはにんにくのピュレ。上にのせたチョリソは、歯応えのアクセントだ。動物質の材料を加えたことで、赤ワインにも寄り添う皿になった。

# 赤座海老のソテーとエマルジョンソース
# 柚子風味のカリフラワーのサラダを添えて

Langoustine sautée sauce émulsionnée au corail, pétale de chou-flure au yuzu

オマールとも車海老とも違う、繊細な柔らかさと甘さが赤座海老の持ち味。いまはニュージーランド産の冷凍品が多く出回るようになったが、国産の活けは別格のおいしさだ。表面をさっと、半生に焼き上げて、身のしっとりとした食感を海老の風味豊かなソースでシンプルに食べてもらう。このソースは海老の出汁をコライユバターで乳化したもの。レモンの酸味を利かせるので、「海老マヨ」のイメージに近い。付け合わせのカリフラワーは、パリパリッとした生のサラダと、小さく刻んで炒めたクスクス仕立ての2種。ともに食感がアクセントになる。

Recette P183

# 鳴門鯛のポワレ
## ポワローのエチュベとパセリバターソース

Daurade poelée sauce au beurre de persil escortée d'une etuvée de poireaux

ポワレは皮をパリッと強火で焼くのが定石と考えられている。だが、鳴門鯛に出会ったとき、ポワレに対する概念が完全に覆された。身があまりにも繊細で皮下脂肪の乗り方が控えめなため、強火で焼くと皮が焦げてしまい、その焦げ味が鯛の香りを壊してしまった。ようするに、パリッと焼く通常のポワレは、脂の多い魚に適した手法だと気付いた次第である。デリケートな魚を生かすには、そこそこ火は強めてもけっして焦がさず、うっすらと焼き色がつく程度のポワレがよい。皮の食感に支配されないことが大切である。アサリの旨みにパセリのやさしい香りを溶け込ませたバターソースで。

# マナガツオのムニエル アーティチョークと厚岸草を添えて

Managatsuo meunière au beurre noisette tomaté
escorté d'artichauts aux salicornes

マナガツオは瀬戸内地方でとくに珍重され、初夏を告げる魚として焼き物、揚げ物、煮物などで賞味される。今回、採用した調理法は「ムニエル」である。クラシックなやり方では、全体に小麦粉をまぶして大量のバターで焼き、そのバターをソースとして活用するが、それではバターが多すぎて現代向きではない。そこで、皮の面だけに小麦粉をまぶしてオリーブオイルと仕上げのバターでカリッとムニエルにし、焦がしバターソースは別仕立て。ケッパーとトマトのアクセントで、さっぱりと食べられるようにした。あしらいに使った細い野菜は、シーアスパラガス。日本では厚岸草と呼ばれる海岸植物で、海水で育つため塩味を含み、歯切れのよい食感を持っている。

# 真ハタのエチュベと
# 新玉ねぎを黒こしょう風味のジュで
# 粒マスタードのアクセント

Hata etuvé au jus poivré accompagné d'oignon nouveau à la moutarde

冬が旬のハタ類、真ハタやクエの特徴は、肉のような食感である。低温でやさしく火入れしてしっとりジューシーに仕上げつつ、独特の食感を生かしている。エチュベとは呼んでいるが、鍋で蒸し煮するのではなく、プランチャの低温の場所で、上からバターをかけながらじっくりと焼き上げるという方法だ。ジュには黒こしょうを利かせ、粒マスタードを添えたのは肉感覚。ジュのベースになるブイヨンは、ハタのアラのゼラチン質豊富な出汁に、香ばしく焼いた中骨を足すのがポイントで、ぎゅっと濃縮した風味を持たせている。

Recette P186

## 太刀魚のソテー
## バージンオリーブオイルのエマルジョンと
## トマトコンフィーソース

Tachiuo sauté aux courgettes

émulsion à l'huile d'olive vierge et coulis de tomate confite

太刀魚の脂が乗るのは春から夏。シンプルにソテーして、4種類のソースで、その季節らしい華やかな一皿を作ってみた。バージンオイルのエマルジョンは、アサリのブイヨンを煮詰めてバターで濃度をつけ、バージンオイルを加え混ぜる。いったんバターでつないでからでないと、バージンオイルが乳化しない。バターはマヨネーズにおける卵の役割で、安定剤として機能する。緑色のソースはクールジェットのピュレで、温度玉子でつないで適度な濃度を持たせ、コクを与えている。赤いのは風味を凝縮したトマトコンフィーソース。アンチョビソースは魚の下に敷いたクールジェットに塗って、隠し味にした。

Recette P187

# 平目のポワレ サラダ菜のソース
# セロリと落花生のコンディメントをのせて

Turbot poêlé avec une crudité de céleri et cacahouète au coulis de laitue

上品な白身魚の平目、やさしい味のソース、白身魚とは相性のよい根セロリのピュレを組み合わせた。ゆでた新落花生とグリーンペッパー、セロリを合わせたコンディメントを薬味としてのせ、コクと香りをアクセントにしている。ソースベースは、アサリのブイヨンと、平目のアラだけで取ったフュメ。サラダ菜はクセがないので没個性のようで、このようにソースに仕立てると、独特の風味を発揮してくれる。美しいグリーン色も魅力だ。平目は皮つきで調理することもあるが、ここでは皮を外してやさしい熱で火入れし、ふっくらと柔らかい肉質を生かすようにした。

Recette P188

# 熊本あか牛のコールビーフと
# レフォールのクレームを
# 季節の野菜とコンソメジュレと共に

Rosbif froid à la crème de raifort escorté de légumes
sur gelée de consommé de bœuf

熊本あか牛とは、和牛4種の日本短角種、無角和種、黒毛和種、褐色和種のうち、熊本県で飼育されている褐色和種の通称。黒毛和種ほどサシは入らないが、肉質は非常になめらか。冷製料理でも柔らかく食べられる上質な赤身が特徴だ。表面に焼き色をつけてから真空状態で56℃のスチームコンベクションで芯温52℃まで加熱し、しっとりとジューシーなコールビーフに仕立てた。定番のレフォールをアクセントに、エストラゴンの香りのコンソメジュレに浮かべ、うど、赤玉ねぎのピクルスでさっぱりと。リューズでは数少ない、牛肉を使った前菜である。

Recette P191

## 仔兎フィレ肉のロティと
## パプリカのミトネをバジル風味で
## ラルドに包んだ蛤を添えて

Râble de lapereau roulé aux poivrons mitonnés
avec des palourdes au lard, coulis au basilic

たとえば牛肉と牡蠣、鳥肉とオマール、そして兎と蛤。古典フランス料理で海の幸と山の幸の取り合わせは珍しくない。だが、修行時代に初めて出会ったときは、衝撃を受けたものだ。そのときの料理が、兎の腿肉と蛤の煮込みだった。その組み合わせを、現代に合わせたナチュラルさと軽さで再現した一皿。イタリア産仔兎の背肉にタプナードとバジルの葉をのせ、ロール状に丸めてローストし、蛤出しベースのバジルソースで点々を描いた。ブイヨンで火を入れた蛤にラルド（背脂の塩漬け）をかぶせ、ラヴィオリに見立てた付け合わせにも、海と山のおいしさが詰まっている。

# 仔牛ローストを
# パルミジャーノの香りで
# 雪下にんじんのロティと
# じゃがいものニョッキ

Côte de veau rôtie au Parmesan
servie avec des gnocchis de pommes de terre et aux carottes rôties

仔牛肉の料理で、最初に思い浮かぶのは、やはりブランケット・ド・ヴォー。繊細な肉質を生かしたクリーム煮である。その定石通り、パルミジャーノの乳脂肪分とコクで、肉の淡白さを補う。ロースト自体も、鋳物ココットの中でゆっくりじっくり、やさしい火で焼き上げるのがポイントだ。雪下にんじんとは名前の通り、秋に収穫したにんじんを3、4メートルの雪の下で冬を越させ、春に除雪して利用する新潟県津南町の特産野菜。糖度が通常の2倍近く高くなるので、そのままシンプルにソテーするだけで、グラッセのような甘さに仕上げられる。

Recette P192

レストラン リューズのデザート

春と夏はより軽く爽やかに、秋から冬にかけてはより重厚に。各パーツにはフランス菓子のテクニックを積極的に駆使しつつ、素材の取り合わせでも季節感を表現する。

## 飴のチューブにイヴォワールのムースと サンギーヌのコンフィチュールを詰めて カヴァのジュレとソルベ

Mousseline d'Ivoire à l'orange sanguine dans un tube transparent, sorbet sanguin à la gelée de cava

少し前までは輸入物か冷凍ピュレしかなかったサンギーヌ（ブラッドオレンジ）だが、現在は愛媛県で明るい色のタロッコと黒っぽいモロ、2品種が栽培されるようになった。やはり以前とは比較にならないジューシーなおいしさだ。出回り時期は2月から5月。カヴァ（スペイン産のスパークリングワイン）のジュレにフレッシュな果肉を浮かべ、飴に詰めたムースにはコンフィチュールをちりばめた。極薄の飴で作ったチューブはパリッした歯ざわりがおもしろい。さっぱりとしたフルーツと、濃厚なイヴォワール（ホワイトチョコレート）とのコントラストが楽しい一皿である。

Recette P193

## 桜の香るフロマージュ・ブランの グラスとジュレ 小豆のクレームと共に

Gelée parfumée de "Sakura" et glace au fromage blanc aux cerises
à la crème de confiture de haricot rouge

「桜」がテーマのデザート。和菓子では塩漬けの花または葉で桜の味をストレートに表現するところを、ジュレとグラスにリキュールを使い、香りで桜を表現した。小豆のクレームは、生クリームだけで炊いた濃厚なアングレーズに、粒あんを合わせたもの。これを隠し味的な役割で底に敷き、ジュレ、酸味の爽やかなフロマージュ・ブランのグラス、酸っぱいクランベリーのコンポートをのせた。泡の中にも桜の香りを閉じ込めている。

Recette P194

## ブランマンジェに苺のペティヤン ミントの香る練乳のグラスをのせて

Mousseline aux fraises pétillantes sur un blanc-manger de coco avec une glace au lait concentré à la menthe

シンプルに見えながら、構成は主役のブランマンジェを囲む形で、ベルベーヌのジュレと苺のコンポート、苺のペティヤンを配置し、練乳のグラスと苺のチップをのせるという重層構造。ペティヤンとは「軽く泡だった」という意味で、炭酸ガスを充填したエスプーマで絞る、しゅわしゅわしたスパークリングワインのようなソーダムースである。練乳のグラスは、主材料が牛乳のため粘度が低く、パコジェットで冷凍粉砕してアイスクリームに仕上げる。ジュレはゼラチンではなく、アガーで固めてさらっとした食感を出した。発想のもとになったのは、もちろん「苺ミルク」の組み合わせである。

Recette P195

# 軽やかなヌガー・グラッセに
# フランボワーズのエスプーマ・ソース

Nougat glacé léger et coulis aux framboises avec des huiles à la pistache

従来のヌガー・グラッセは、食感はねっちりと重く、こってり濃厚だった。そこで、重さの要因であるナッツを材料から外し、空気の含有力をぎりぎりまで増やし、究極に軽いヌガー・グラッセに仕立ててみた。そのかわり、アーモンドとヘーゼルナッツはカリカリの飴がけにして上にのせたチュイルに散らし、ヌガーとして再構築している。フランボワーズのソースも、通常ならばクーリーの形で流すところを、ふわふわと軽いエスプーマに。緑色のラインはピスターシュオイル。その香りとコクを、デザートソースとして活用する。

## フレッシュライチとリュバーブのコンポート
## ココナッツのソルベとともに

Litchi frais et compote de rhubarbe accompagnés d'un sorbet à la noix de coco

ライチは台湾産の玉荷包(ギョクカホウ)という品種を使用する。フレッシュのまま日本に空輸されるのは、6月中の数週間だけ。甘くてジューシーで、何にも代えがたい個性的な風味を持つが、合わせる相手を選ばないという親和性の高い素材でもある。リュバーブも同様で、個性が強いのに不思議と何とでもよく調和する。フレッシュが手に入る時期がちょうど重なり、組み合わせてみたが、リュバーブの酸味とライチのやさしい味がお互いを引き立て合ってくれた。リュバーブは消化を促進する効果があり、栄養的にもデザートには最適な素材である。

## バジルのソルベをパイナップルのムースと
## ココナッツのスープに浮かべて

Mousse d'ananas escortée d'un sorbet au basilic
dans soupe du lait de coco aux fruits exotiques

ココナッツミルクとパイナップルジュースをシェイクしたラム酒ベースのカクテル、「ピニャコラーダ」をデザートに応用。ココナッツミルクで作ったスープとパイナップルのムースとの組み合わせである。ソルベは同じトロピカル系で揃えるのは避け、バジルを主役にスペアミント、ベルベーヌ、レモングラスにライムとレモンを効かせてみた。そのシャープな香りと酸味が、ココナッツとパイナップルを爽やかに引き締めてくれる。

Recette P198

## 白桃のマリネとジュレを赤紫蘇のソルベと共に梅エキュームを添えて

Pêche marinée à la crème onctueuse et sa gelée
avec un sorbet au shiso rouge

白桃はシロップ、リキュールの中で真空マリネする。火を入れなくても、浸透圧で透明に仕上げることができる。主役はマリネとジュレ、二通りで盛り合わせた白桃だが、インパクトが強いのは赤紫蘇のソルベかもしれない。塩でよく揉んでアク抜きをした赤紫蘇にレモン汁をかけると、クエン酸の働きで真っ赤に発色する。これを南高梅のシロップと一緒にパコジェットで冷凍粉砕したソルベは、日本人ならだれもが懐かしいおいしさを感じてもらえるだろう。真夏でも食べやすい爽やかなデザートである。

Recette P199

## パッションフルーツを
## 忍ばせたマンゴーのガトー
## ライムとローズマリーのグラス

Moelleux de fromage frais aux fruits de la passion et mangue,
glace au citron vert et au romarin

ガトーの土台は、カリッとした食感のロイヤルティン・ココ。ねっとり濃厚なチーズクリームの中心に強烈な酸味のパッションフルーツのジュレを詰め、甘く芳醇なマンゴーの上がけで仕上げた。シンプルに見えるが、クリームチーズ、パッションフルーツ、マンゴー、ココナッツの4種の風味が凝縮した南国風のガトーである。一転して、ソルベにはハーブの香りとライムの酸味を効かせ、コントラストが楽しめるようにした。

Recette P200

## 栗のムースリーヌと和三盆のエスプーマ 蒸し栗をふりかけて雪見立てに

Mousseline aux châtaignes et éspuma de " Wasanbon"
sous une neige de châtaigne

　栗を使ったフランス菓子といえばモンブランが代表格。日本でも人気の高い定番ケーキだが、いかんせんデザートには重すぎる。できるかぎり軽く食べていただけるよう、「甘くない栗のデザート」をテーマに仕立ててみた。フランス製のマロンクリームを使ったムースリーヌの上に和栗の渋皮煮をのせ、上品な甘さのエスプーマを絞る。その上から和栗をすりおろし、雪のようにふり積もらせてみた。

Recette P201

## なめらかなショコラとジャスミンティのグラス カシスの酸味をアクセントに

Chocolat moelleux et accompagné d'une glace au thé jasmin relevée au cassis

タルト・ショコラの構成要素を分解し、再構成した一皿。チョコレートのアパレイユだけを冷やし固め、上にチョコレートのチュイル、グラス、チョコレートの薄い板を重ねた。タルトの部分はクランブルの形で横に添え、酸味の強いカシスのソースをアクセントに添えている。ジャスミン茶葉と乳製品は想像以上の相性のよさで、非常に爽やかな味わいのグラスが出来上がる。

Recette P202

## 胡麻のフィユティーヌに挟んだ
## キャラメルのムース　焙じ茶のグラス

Feuilletine de sésame au caramel en mousseline, glace au thé brêlé "Houjicha"

胡麻とキャラメルと聞くと濃厚そうな組み合わせだが、エスプーマで作ったムースは究極に軽く、極薄のフィユティーヌはパリパリした食感。イメージとは違う喉ごしのよさだ。焙じ茶は、熱い液体の中で茶葉を煎じるとえぐみが出てしまうため、冷たい液体に茶葉を入れ、真空状態で時間をかけて抽出する。こうすると茶葉のよい香りだけをグラスに生かすことができる。父が囲炉裏で焙じてくれたお茶と胡麻煎餅……子供の頃を思い出す。ノスタルジーを感じさせる一皿。

Recette P203

# プラリネ・ショコラ・キャラメルのガトー モカのグラスを添えて

Gâteau praliné et mousse au chocolat recouverte de caramel, glace au moka

薄いプラリネの板とヘーゼルナッツのダコワーズの土台に、ムース・ショコラを重ね、キャラメルのグラッサージュで覆ったガトー。プラリネ、ショコラ、キャラメルそれぞれ重そうなイメージだが、あくまでも軽やかに。できるだけ冷たい温度で供し、プラリネのしゃりっとした食感も楽しんでもらう。コーヒー豆を煎じて作るモカのグラスは、淡い色からは想像できないほど、香りと味ともにしっかりと深い。

Recette P204

レストラン リューズの今日まで、そして明日に向かって

## 田舎の素朴な生活が、一番の贅沢

故郷の新潟県十日町は、日本有数の豪雪地帯。飛鳥・天平の昔から織物産地としても有名な土地柄である。私の実家も呉服屋を営んでおり、両親が忙しかったので小学校3、4年生の頃からチャーハン程度は自作して食べているうちに、いつのまにか料理が好きになって、中学時代はチーズケーキやシュークリームまで作れるようになっていた。

私が育ったのは、囲炉裏があり、檜の大黒柱が立つ大きな古民家である。町はずれの豪農の家を自宅兼店舗として移築・再生したものだ。家の前には自家菜園があって、雪のない季節、野菜はもぎたてが当たり前だった。赤紫蘇を使った天然の発酵液に漬け込んだ茄子や胡瓜は朝ごはんの定番。その頃は何とも思わなかったが、発酵のおいしさは体にしみ込んでいる。

雪国の楽しみのひとつは、春の山菜である。雪解け水によって洗われた土から、4月から5月になると一斉に芽吹く。土地が雪でいじめられた後に生えるものだから、栽培物とは比較にならないほどの生命力に溢れている。土地では、春に摘んだ山菜を保存食として利用するが、子供心に雪国で生きる知恵を感じていた。

田舎に生まれ、自然に囲まれ、木のぬくもりの中で成長できたこと。ありきたりの素朴な暮らしが、いま思うと一番の贅沢だった。

## ホテル時代に見習いコンクールで優勝

高校を卒業し、大阪の辻学園調理技術専門学校に進学した。母が乳製品や牛肉をいっさい受けつけず、家庭料理は和風が多かったので、グラタンやハンバーグ、ポタージュなどに対する憧れが大きく、最初から洋食志向だった。

昼間は学校、夜は神戸元町の洋食レストランでアルバイトに励みながら、次第に技術職への興味が募ってフランス料理に進路を絞り、卒業後に舞浜「第一ホテル東京ベイ」に就職した。

当時の日本はバブル経済に向かって、ホテルのオープンラッシュ期。開業したばかりの新しいホテルで働いたおかげで、若手でもいろいろな仕事を任せてもらえ、総合的な技術を身につけられたことはその後、多いに役立った。

22歳のとき、学生時代から目標にしていた「プロスペール・モンタニエフランス料理見習い料理人コンクール」に出場した。老舗の名門ホテルからの出場者が多く、新参ホテルは不利という大方の予想を裏切って優勝。仕事で充実感を味わう一方で、実はいつも心のどこかに「もっと、もっと本格的なフランス料理を学びたい」という渇望を抱いていたのだが、それが優勝をきっかけに一気にふくらむことになった。

2番目の職場は幕張の「ホテル ザ・マンハッタン」。だが、移った途端にバブルが弾け、暇になってしまった。そこで、以前研修したことのある青山の「ロアラブッシュ」で1992年に、働くことになった。初めての街場レストランだった。

## 衝撃を受けたソース アメリケーヌ

「ロアラブッシュ」で、1980年代初頭から活躍していた名うての料理人、大渕康文シェフの下で修行したのはたったの7か月間だったのだが、多くを学ばせてもらった。

大渕シェフのソースはひと舐めするだけで、衝撃を受けるほどおいしかった。

たとえば、ソース アメリケーヌは素晴らしかった。炒め方、煮詰め方の基本でもある。炒めていくと鍋の中からオマールの殻を叩き込まれたソースから金属音が響き、「この音を覚えろ」と言われたことは忘れられない。しっかり水分を飛ばして凝縮することが味の核を作り、筋の通った線ができる。逆に、水分の飛ばし方が足りないと、味が拡散して出来上がったソースがぼやけてしまう。フランス料理における味の構築とは、こういうことかと感心した。

その次には「横浜ロイヤルパークホテル」で1年間働き、1994年に「タイユバン・ロブション」の開業時にオープニングスタッフとして入った。

「パリと同じ料理を、パリよりおいしく作る」を自分自身の目標に掲げたこのレストランでは、心から満足して修行に励むことができた。だが、全セクションを2年半でまわり、一通りの技術を身につけた28歳、フランス修行に旅立った。技術もさることながら、フランスの空気を吸って、歴史や文化、風土を感じてみたいという気持ちのほうが大きかった。

ロアンヌの「トロワグロ」、アルボワの「ジャンポール・ジュネ」、ルクセンブルグの「レア・リンスター」などで修行して、30歳を目前に帰国。最初はフランス語が喋れず悔しい思いを

## 日本人しかできないフランス料理があるはずだ

ずいぶんしたが、日本人が周囲にいない環境も手伝って、自己主張ができるくらいまでになったのは収穫だった。

すぐに「タイユバン・ロブション カフェ・フランセ」で渡辺雄一郎シェフ（現「ナベノイズム」シェフ）のもと、副シェフに抜擢された。

ここで働いた2年半は、とても忙しいながらも充実した時間を過ごすことになった。また、日本料理の職人との交流の機会にも恵まれたが、日本人として日本料理に対しての無知さに愕然とした。と同時に、フランス料理一辺倒から、日本人にしかできないフランス料理の可能性に気がついたことは、自分にとって大きな幸運だった。

ここでいったん現場を離れ、料理学校の主任講師をしばらく経験したのだ

が、その間に日本料理の多くを学ぶことができた。技術や素材を知ることで、日本の食文化から世界を見る視点が養われたと思う。

2004年に現場復帰して、「ラ タ ブル ドゥ ジョエル・ロブション」シェフに就任、翌年に六本木ヒルズの「ラトリエ ドゥ ジョエル・ロブション」シェフとなり、実りの多い6年間を過ごすことができた。とくにオープンキッチンでカウンターサービスのラトリエでは、調理場を出てお客様と接点を持つことの大切さ、常に視線を意識し、所作ひとつにも気を配ること、そして自分がお客様の目線でいることの重要性を学んだ。

## 料理人である以前に、人として

2011年2月1日、六本木に「レストラン リューズ」開店。「木のぬくもり」を感じられる空間にと、飾り皿は「木」をテーマにデザインしてもらうなど、モダンな中に有機的な造形をちりばめた。

しかし、いくらインテリアや器にぬくもりがあっても、レストランの空気感というのは、シェフとスタッフの人間性に尽きる。

オープンからやっと5年。どんな高級食材を使ってよい料理を出しても、将来につなげていこうという気持ちをスタッフ全員で共有しないかぎりは、10年後、15年後先まで続けられないだろう。

レストランとは、人が創り出すもの。スタッフが、この店で働くことの幸福を感じてくれなければ、よい店として育つことはできない。そのために求められるのは、常に肝に銘じている料理人は、誇れる素晴らしい職業だと心から思う。人間は生きるために食べなくてはならないが、よりおいしいものを作れる技術と知識を持っているからだ。その幸福を感じながら、緊張感をいつでも胸に抱き、皆と一緒に歩んでいきたいと思う。

143

レストラン リューズ
〒106-0032
東京都港区六本木4-2-35 アーバンスタイル六本木B1F
TEL 03-5770-4236
http://restaurant-ryuzu.com

Recettes

## 雲丹のフォンダン
## すだちの香る冬瓜のソースを注いで

**材料　4人分**

**雲丹のフォンダン**（21cm×21cmの正方形の型1台分、25個分）
- 水 ……………………… 300mℓ
- 昆布 …………………… 3cm角 1枚
- 帆立パウダー ………… 5g
- 塩 ……………………… 4g
- カイエンヌペッパー … 少々
- 葛粉 …………………… 20g
- 板ゼラチン …………… 5g
- 35％生クリーム ……… 200g
- 生雲丹 ………………… 80g
- 塩雲丹（瓶詰） ……… 20g
- 全卵 …………………… 2個

**冬瓜のソース**
- 冬瓜 …………………… 500g
- ブイヨン・ド・ヴォライユ（205ページ参照） ……… 250g
- 水 ……………………… 250g
- 帆立パウダー ………… 5g
- 塩 ……………………… 5g
- エクストラ・バージン・オリーブオイル ……… 16g
- すだち ………………… ½個
- 生雲丹 ………………… 100g
- ゆでた枝豆 …………… 適量
- アマランサスの葉、菊花 … 各適量

＊帆立パウダーは、化学調味料無添加の粉末だしを使用。

**作り方**

**雲丹のフォンダンを作る**

❶ 水に昆布を一晩浸しておく。

❷ ①を火にかけ、沸騰直前に昆布を引き上げてアクを取り除く。

❸ 帆立パウダー、塩、カイエンヌペッパーを加え、水溶き葛粉でとろみをつけ、水で戻した板ゼラチンを溶かし混ぜる。

❹ 少し温度を下げ、生クリームを混ぜ合わせる。

❺ 生雲丹、塩雲丹、全卵をバーミックスで撹拌し、④に加えて混ぜ合わせ、シノワで漉す。

❻ オリーブオイル（分量外）を塗った型に流す。表面の泡をバーナー等でつぶし、表面にラップをかける。

❼ 85℃のスチームコンベクションで22分加熱する。

❽ 取り出したらすぐにラップをはずし、布などを上にかけて粗熱を取る。この間に余熱で火が入っていく。

❾ 冷蔵庫で冷やし固め、4cm×4cmに切り分ける。

**冬瓜のソースを作る**

❶ 冬瓜は種子を取り除き、色が残るように薄く皮をむき、2、3cm角に切る。

❷ ブイヨン・ド・ヴォライユ、水、帆立パウダー、塩を合わせ、冬瓜を炊く。

❸ 冬瓜に火が入り、なおかつ食感が残る程度で引き上げて粗めの網で漉し、煮汁と合わせて冷やしておく。

❹ 盛りつける前にエクストラ・バージン・オリーブオイル、すだちの絞り汁、すりおろした皮を混ぜ合わせる。

**盛りつけ**

❶ 皿に冬瓜のソースを流し、生雲丹をのせた雲丹のフォンダンを盛る。

❷ 枝豆、アマランサスの葉、菊花を飾る。

## 関鯵の瞬間マリネを野菜のミルフィーユにのせて花穂のアクセントで

### 材料　4人分
- 関鯵 ……… 正味120g（1尾分）
- 粗塩 ……………………………… 適量
- すだち果汁 ……………………… 適量
- にんじん ………………………… 100g
- 大根 ……………………………… 100g
- きゅうり ………………………… 100g
- コリンキー ……………………… 100g
- 蕪 ………………………………… 100g
- クールジェット ………………… 100g
- 加賀太きゅうり ………………… 100g
- 塩 ………………………………… 適量
- エクストラ・バージン・オリーブオイル ……………… 適量
- 茗荷 ……………………………… 50g
- トマトソース
  - フルーツトマト ……………… 40g
  - エクストラ・バージン・オリーブオイル ………… 10g
  - 塩、黒こしょう …………… 各適量
- エクストラ・バージン・オリーブオイル ……………… 適量
- フルール・ド・セル ……………… 適量
- 花穂、すだちの皮 …………… 各適量
- トマトのエスプーマ …………… 適量

＊トマトのエスプーマの作り方は、167ページの「毛蟹、アボカド、りんごのアンサンブルにトマトのエスプーマをのせて」を参照。

### 作り方

**鯵をすだちで締める**

❶ 鯵は三枚おろしにし、たっぷりの粗塩をまぶしつけて大サイズは2時間、中サイズなら1〜2時間締める。
❷ 冷水で塩を洗い流し、すだち果汁で20分締める
❸ 腹骨を取り、中骨を抜き、皮をはがす。

**野菜のミルフィーユを作る**

❶ 茗荷以外の野菜をそれぞれ2、3mm厚さにスライスし、塩をふってしんなりさせる。
❷ 水気を絞ってオリーブオイルをからめる。
❸ 茗荷は薄切りにする。
❹ にんじん、大根、茗荷、きゅうり、コリンキー、蕪、茗荷、クールジェット、加賀太きゅうりの順番で重ね、横10cm×長さ18cm、高さ3cm、約500gのミルフィーユを作る。
❺ 上に薄切りにした鯵をきれいに並べ、4cm×8cmに切り揃える。

**仕上げをする**

❶ フルーツトマトの皮を湯むきして種子を取り除き、細かく刻んでオリーブオイルであえ、塩、こしょうで味を調える。
❷ ミルフィーユにオリーブオイルをかけ、フルール・ド・セル、花穂、すりおろしたすだちの皮を散らす。
❸ 皿に盛り、トマトのエスプーマを絞り出し、トマトソースを流す。

## 新玉ねぎのムースに木の芽の香る小柱と蛤のジュレと共に

### 材料

**新玉ねぎのムース（12人分）**
新玉ねぎのピュレ
　新玉ねぎ ……………… 500g
　エクストラ・バージン・
　　オリーブオイル ……… 25g
　塩 …………………………… 5g
板ゼラチン …………………… 5g
35％生クリーム …………… 100g

**蛤のジュレ（50人分）**
昆布 ………… 10cm×8cm1枚
水 …………………………… 1.8ℓ
蛤 …………………………… 1kg
白醤油 ……………………… 90g
塩 ………………………… 適宜
板ゼラチン …… 液体の1.4％量

小柱 ………………… 1人分20g
グリーンピース ……… 1人分20g
レモンフレーバー・オリーブオイル
　…………………………… 1人分5g
レモン汁 ………………… 少々
塩 ………………………… 適宜
木の芽、芽ねぎ、赤玉ねぎの
　ピクルス ……………… 各少々

＊グリーンピースは塩ゆでし、塩分1.4％の昆布塩水で色止めしたもの。
＊赤玉ねぎのピクルスは、191ページ「熊本あか牛のコールビーフとレフォールのクレームを季節の野菜とコンソメジュレと共に」の作り方を参照。

### 作り方

**新玉ねぎのムースを作る**

❶ 新玉ねぎのピュレを作る。しっかり蓋のできる鋳物鍋にオリーブオイルを敷き、薄切りにした新玉ねぎを入れ、塩をふって中火にかける。

❷ しんなりしてきたら蓋をして、弱火で火を入れる。新玉ねぎが溶けてきたらミキサーにかけてシノワで漉す。

❸ ピュレ300gに戻した板ゼラチンを溶かし、氷水に当て、混ぜながら冷やす。

❹ 固まりはじめたら8分立てにした生クリームを合わせ、味見をして塩味を調え、冷蔵庫で冷やし固める。

**蛤のジュレを作る**

❶ 昆布は前日から水に浸けておく。

❷ 殻をよく洗った蛤を入れて火にかける。

❸ 沸騰直前に昆布を引き上げ、蛤の口が開いてから5分くらい炊いてしっかりと出しを取る。

❹ 蛤を引き上げ、アクを取り除き、白醤油と塩で味を調える。

❺ 戻したゼラチンを溶かし、冷蔵庫で冷やし固める。

**仕上げをする**

❶ 小柱、グリーンピースをレモンフレーバー・オリーブオイルとレモン汁、塩であえる。

❷ 新玉ねぎのムースをスプーンですくい取って皿にのせ、上に①を散らす。

❸ 砕いた蛤のジュレをのせ、木の芽と芽ねぎ、赤玉ねぎのピクルスを散らし、レモンフレーバー・オリーブオイルを数滴落とす。

# 生姜の香るスッポンのロワイヤルとクロケット

## 材料　4人分

- スッポン ……………………… 1枚
- 水 ……………………………… 2ℓ
- 昆布 …………………… 3cm角1枚
- 生姜 ……………………………… 少々
- 塩、白こしょう ………… 各適量

### スッポンのクロケット
- 豚バラ肉 …………………… 100g
- ローズマリー、タイム …… 各少々
- にんにく ……………………… 少々
- 塩、黒こしょう ………… 各適量
- スッポンのほぐし身 ……… 150g
- スッポンの脂 ………………… 30g
- にんにく（みじん切り）…… 10g
- 全卵 …………………………… 50g
- 35％生クリーム …………… 20g
- イタリアンパセリ（粗く刻む）
  ……………………………………… 少々
- 薄力粉、溶き卵、パン粉 … 各適量
- サラダ油 ……………………… 適量

### スッポンのフラン
- スッポンの出汁 …………… 120g
- 35％生クリーム …………… 20g
- 全卵 …………………………… 60g
- 白醤油 ………………………… 10g
- 塩 ……………………………… 0.8g
- 白こしょう …………………… 少々

### スッポンのスープ
- スッポンの出汁 …………… 120g
- 塩 ……………………………… 適量
- 葛粉 …………………………… 10g
- 水 ……………………………… 少々
- 生姜 …………………………… 2g
- スッポンのエンペラ ……… 40g
- シブレット（小口切り）……… 1g

## 作り方

### スッポンの出汁を作り、下処理をする

❶ スッポンはさばき、一度沸騰した湯でゆでこぼし、氷水に落として薄皮をはがす。

❷ 水、昆布、生姜と一緒に鍋に入れ、30分ほど炊いてキッチンペーパーで漉す。スッポンの出汁の出来上がり分量は1.2ℓ。

❸ 熱いうちに骨をはずし、身とゼラチン質の部分に分ける。エンペラ（甲羅のまわりの軟らかい部分）は、スッポンの出汁で2分ほどゆで、さっと火を入れて引き上げ、塩、こしょうをふる。

### スッポンのクロケットを作る

❶ 豚バラ肉はローズマリー、タイム、にんにく、塩、こしょうをまぶして一晩マリネし、ミンサーで粗挽きにする。

❷ 出汁をとったあとのスッポンのほぐし身に1％量の塩、こしょうをしてさまし、適当な細かさに刻む。

❸ スッポンの脂を鍋に入れて温め、脂が溶けたらにんにくを入れて香りを出し、②を加えて脂をなじませ、塩、こしょうで味を調える。

❹ ①、③、全卵、生クリーム、イタリアンパセリを混ぜ合わせ、1個が22gのボールに丸め、薄力粉、溶き卵、パン粉をまぶして180℃の油でからっと揚げる。

### スッポンのフランを作る

❶ 全部の材料を混ぜ合わせ、シノワで漉す。

❷ スフレカップに50gずつ流し、90℃のスチームコンベクションで12分蒸す。

### スッポンのスープを作って仕上げる

❶ スッポンの出汁を温め、塩で味を調え、水溶き葛粉で強めにつなぐ。

❷ 小さな賽の目切りにした生姜、6mm角に切ったエンペラ、シブレットを加える。

❸ フランの上にスープを流し、クロケットを添える。

## 色彩々の山菜と野菜を旨みジュレにのせて 黒オリーブのアクセントで

### 材料　1人分

**旨みジュレ（出来上がりは1.2kg）**
- 昆布 …………… 10㎝×9㎝1枚
- 干し貝柱 ……………………… 30g
- 水 ………………………………… 1.5ℓ
- 厚削り鰹節 …………………… 15g
- 白醤油 ………………………… 50g
- 塩 ……………………………… 適量
- 板ゼラチン …… 液体量の1.4%

**黒オリーブパン粉**
- 黒オリーブ（種抜き）… 1缶（150g）
- 乾燥させたバゲット …… 200g
- 塩 ……………………………… 適量

- わらび ………………………… 2本
- 重曹 ………… わらびの量の4%
- にんじん（薄切り） ………… 2枚
- エクストラ・バージン・
  オリーブオイル、塩 …… 各適量
- 大根（薄切り） ……………… 2枚
- 塩分1.4%の昆布塩水
  （205ページ参照） ………… 適量
- ホワイトアスパラガス ……… 1本
- スナップえんどう …………… 2本
- ふき ……………………… 10㎝1本
- うるいの茎 …………………… 2本
- 姫竹 …………………………… 1本
- こごみ ………………………… 2本
- そら豆 ………………………… 2個
- 菜花 …………………………… 3本
- 蕪（櫛切り） ……………… 1切れ
- ブロッコリー（小房に分ける）… 2房
- うどのピクルス ……………… 3枚
- ピサンリ・ジョンヌ
  （黄色いタンポポ） ……… 2枚
- タルティーボ
  （トレヴィスの一種） …… 3枚
- うるいの葉 …………………… 3枚
- すだち果汁 …………………… 適量
- 紫芽、木の芽 ……………… 各少々

＊うどのピクルスは、191ページ「熊本あか牛のコールビーフとレフォールのクレームを季節の野菜とコンソメジュレと共に」の作り方を参照。

### 作り方

**旨みジュレを作る**
❶ 昆布と干し貝柱は前日から水に浸けておく。
❷ 中火にかけ、沸騰直前に昆布を引き上げ、鰹節を加える。
❸ 15分炊き、十分に鰹の風味を引き出す。
❹ 漉して白醤油、塩で味を調え、戻したゼラチンを溶かす。
❺ 冷蔵庫で冷やし固める。

**黒オリーブパン粉を作る**
❶ 黒オリーブの缶汁を15gになるまで煮詰める。
❷ 黒オリーブとバゲットをフードカッターで粉砕する。
❸ 細かくなったら①を混ぜ合わせる。味を見て、足りなかったら塩を加える。
❹ 細かい網で漉してパウダー状にし、乾かしておく。

**野菜と山菜の下ごしらえをする**
❶ わらびはよく洗い、鍋に入れて重曹をふりかけ、熱湯をかけてそのままさます。一晩浸けてアクを抜き、よく水洗いする。
❷ にんじんはオリーブオイルを敷いたプランチャ（またはフライパン）でソテーし、ソテーしたあとに塩をふる。
❸ 大根、ホワイトアスパラガス、スナップえんどう、ふき、うるいの茎、姫竹、こごみ、そら豆、菜花、蕪、ブロッコリーはそれぞれ歯応えよく塩ゆでし、昆布塩水に一晩浸ける。

**仕上げをする**
❶ ピサンリ・ジョンヌ、タルティーボ、うるいの葉にすだち果汁を絞りかけ、エクストラ・バージン・オリーブオイルをふる。
❷ 直径9㎝のセルクルのふちに、やや高く切った紙（オーブンペーパーなど）を巻きつける。
❸ にんじんと大根を外側に張りつける。余分は切る。
❹ うどのピクルス、にんじん、大根をロール状に巻き、セルクルの内側に適当な間隔をあけて置く。
❺ 下ごしらえした野菜と山菜、①を生け花のようにバランスよく挿していく。
❻ 皿に旨みジュレを敷き、その上に⑤をのせてセルクルと紙をはずし、紫芽と木の芽を飾る。
❼ エクストラ・バージン・オリーブオイルをたらし、すだち果汁を絞りかけ、まわりに黒オリーブパン粉をふる。

## 鴨のフォアグラのソテーと筍のエチュベ 花山椒を添えて

### 材料　4人分
- 筍 …………………………… 1本
- 米のとぎ汁 ………………… 適量
- ピュア・オリーブオイル …… 適宜
- ブイヨン・ド・ヴォライユ
  （205ページ参照）………… 30g
- 筍の煮汁 …………………… 20g
- バター ……………………… 20g
- 木の芽 ……………………… 適量
- 鴨のフォアグラ …… 200〜240g
- 塩、白こしょう ………… 各適量
- 強力粉 ……………………… 適量
- ジュ・ド・ヴォライユ
  （206ページ参照）………… 適量
- 花山椒 ……………………… 適宜

### 作り方

**筍を下ごしらえする**

❶ 筍の先端を切り落とし、火が入りやすいよう縦に切り込みを入れ、米のとぎ汁でゆでる。ゆで汁の中に一晩置いておく。

❷ 皮をむいて半割にし、水にさらしてアクを抜く。

❸ 塩分1.2パーセントの塩水を沸騰させ、筍を入れてひと煮立ちさせ、そのままさます。

**筍をエチュベし、フォアグラをソテーする**

❶ 筍を縦にスライスする。1人分に2切れを使用。オリーブオイルを敷いたプランチャ（またはフライパン）で焼いて両面を色づける。

❷ ①を鍋に入れ、ブイヨン・ド・ヴォライユと筍の煮汁を加える。液体の量はひたひたより少なめに。3分くらい炊き、バターを加え、水分を煮詰めて仕上げに刻んだ木の芽をからませる。

❸ フォアグラは1人分を50〜60gにスライスし、塩、こしょうをして粉をまぶし、プランチャ（またはフライパン）でソテーする。

❹ 皿にフォアグラと筍を盛り合わせ、ジュ・ド・ヴォライユを流し、花山椒と木の芽をあしらう。

## 島根産天然アワビのロースト 緑竹のソテーと共に　肝ソースで

### 材料　2人分
- 黒アワビ …………………… 1個
- 昆布 …………………… 2cm角1枚
- 日本酒 …………………… 20cc
- にんにく、バター（肝ソテー用）
  …………………………… 各適量
- 緑竹 ………………………… 1本
- 万願寺唐辛子 ……………… 2本
- ピュア・オリーブオイル …… 適量
- 肝ソース
  - アワビのキュイソン ……… 50g
  - 裏漉した肝 ……………… 20g
  - グリーンマスタード ……… 5g
  - グリーンペッパー（塩水漬け）… 1g
  - にんにく ………………… 1片
  - バター …………………… 30g

### 作り方

**アワビを蒸し、肝を漉す**

❶ アワビは汚れをスポンジでよく洗い落とす。

❷ ラップにアワビを置き、昆布をのせて日本酒をふり、ラップで包む。

❸ 殻をアルミ箔でガードして真空パックする。

❹ 95℃のスチームコンベクションで6〜7時間蒸す。

❺ 常温でさます。すぐに使わない場合は、袋のまま冷蔵保存する。

❻ アワビを袋から出す。袋にたまった水分は、キュイソンとしてソースに使用する。

❼ 身を殻からはずし、肝と口を切り取る。

❽ 肝はにんにくと一緒にバターで炒め、細かい網で裏漉す。

**仕上げをする**

❶ 緑竹は皮をむき、食べやすい大きさにカットする。

❷ ①と万願寺唐辛子はオリーブオイルでソテーし、塩をふる。

❸ 肝ソースを作る。アワビのキュイソンを漉し、味と濃度を見て足りないようだったら煮詰めるか、水溶きコーンスターチ（分量外）を加える。

❹ 裏漉した肝とグリーンマスタードを混ぜ合わせる。

❺ 細かく刻んだグリーンペッパーを加えて仕上げる。

❻ アワビは一口大にカットする。鋳物の鍋にバター、にんにくを入れて軽く炒め、アワビとキュイソンを加えてやさしく温める。

❼ 皿に緑竹、アワビ、万願寺唐辛子を盛り、肝ソースを流す。

## 秋刀魚、長なす、トマトコンフィーのルエル 苦味の効いた肝ソースとハーブソースで

**材料 6人分**
- 秋刀魚 …………………… 2尾
- 塩、黒こしょう ………… 各適量
- 生姜パウダー …………… 少々
- ピュア・オリーブオイル …… 適量
- 長なす …………………… 4本
- サラダ油 ………………… 適量
- ブイヨン・ド・ヴォライユ（205ページ参照） …… 150g
- カレー粉 ………………… 少々
- 板ゼラチン ……………… 6g
- トマトコンフィー ……… 3個分
- 肝入りタプナードソース
  - エクストラ・バージン・オリーブオイル ………… 6g
  - にんにく（みじん切り）…… 2g
  - 秋刀魚の内臓 …………… 10g
  - タプナード ……………… 30g
- グリーンハーブソース
  - パセリ …………………… 5g
  - バジル …………………… 14g
  - ローズマリー …………… 2g
  - ケッパー ………………… 10g
  - にんにく ………………… 2g
  - エクストラ・バージン・オリーブオイル ………… 60g
  - レモン汁、塩 …………… 各適量
- サラダ
  - マイクロサラダ、ラディッシュ（細切り）、カイワレ大根、茗荷（薄切り）、レモンの塩漬け …………………… 各適量
  - レモン汁、エクストラ・バージン・オリーブオイル、塩 …… 各適量

＊トマトコンフィーは、湯むきして4等分し、種子を除いたトマトに塩、粉糖、にんにく、タイムの葉、エクストラ・バージン・オリーブオイルをふり、80℃のオーブンで3時間加熱したもの。
＊レモンの塩漬けの作り方は、181ページ「真鯖の軽い燻製をタプナード風味のなすと共に オリーブ入りのトマトジュレを添えて」を参照。

**作り方**

**秋刀魚と長なすをロール状に丸める**

❶ 秋刀魚は三枚におろして中骨、腹骨を取り除く。内臓は取り置く。

❷ 両面に塩で下味をつけ、身側だけに黒こしょうと生姜パウダーをふる。

❸ オリーブオイルで皮面だけを香ばしく焼き、半生で上げ、余熱でやさしく火を入れる。

❹ なすは皮をむき、半割にして180℃の油で水分を飛ばしながら揚げる。ペーパーでよく油を拭き取る。計量して1％量の塩を用意する。

❺ ソトワールなどの口の広い鍋にブイヨン、塩、カレー粉、戻した板ゼラチンを入れ、なすを煮含める。

❻ 水分がなくなるまで煮含めたら火からはずし、常温でさます。

❼ ラップを二重に広げ、秋刀魚、なす、トマトコンフィー、秋刀魚の順に重ね、トマトが中心にくるようにラップで包む。

❽ 冷蔵庫で冷やし固める。

**ソースを作って仕上げる**

❶ オリーブオイルとにんにくを鍋に入れて火にかけ、香りを出し、秋刀魚の内臓を加えて炒める。タプナードを混ぜ合わせて、細かい網で漉す。

❷ グリーンハーブソースは、レモン汁と塩以外の材料をミキサーでまわしてペーストを作り、レモン汁と塩で味を調える。

❸ サラダ用の野菜類にレモン汁とオリーブオイル、塩をからめる。

❹ 秋刀魚と長なすのルエルをラップをしたまま切り分け、皿に盛り、❸を添えて❶と❷を流す。

# 鮎のクルスティアン
## 焼きなすのピュレと共に　生姜と蓼のアクセント

### 材料　4人分

**鮎のエッセンス**
（出来上がりは300mℓ）
- 鮎の頭 …………………… 20尾分
- ブイヨン・ド・ヴォライユ
  （205ページ参照）……… 500g
- 葛粉、水 ………………… 各適量

**焼きなすのピュレ**
- なす ……………………… 適量
- にんにく（薄切り）……… 適量
- エクストラ・バージン・
  オリーブオイル ………… 適量
- 塩 ………………………… 適量

**コンディメント**
- きゅうり ………………… 30g
- 生姜コンフィー（154ページ参照）… 10g
- エクストラ・バージン・
  オリーブオイル ………… 20g
- すだち果汁、塩 ………… 各適量

- 鮎 ………………………… 4尾
- 鮎魚醤 …………………… 少々
- 塩、白こしょう ………… 各適量
- パート・ブリック ……… 1枚
- サラダ油 ………………… 適量

**ソース**
- 鮎のエッセンス ………… 50mℓ
- グリーンペッパー（塩水漬け）… 0.5g
- 蓼（細かく刻む）……… 2g
- 鮎魚醤 …………………… 5g
- エクストラ・バージン・
  オリーブオイル ………… 10g
- ナスタチウムの葉 ……… 適量

＊鮎魚醤は、大分県日田市の「まるはら」製。

### 作り方

#### 鮎のエッセンスを作る

❶ 鮎の頭は半割にして温かい場所で乾かし、200℃のオーブンでカリカリに焼き、さらにサラマンドルで香ばしい焼き色をつける。

❷ ブイヨン・ド・ヴォライユをわかし、焼きたての❶を加え、蓋をして静かに沸騰した状態で15分炊く。

❸ シノワで漉し、水溶き葛粉でとろみをつける。

#### 焼きなすのピュレを作る

❶ なすに切れ目を入れてにんにくを1本につき1枚差し込む。

❷ 全体にオリーブオイルをからめ、バットに並べて200℃のオーブンで途中転がしながら20〜25分間焼く。

❸ サラマンドルで皮を焦がして焼きなすらしい香りをつける。

❹ 半割にして身を取り出す。にんにくは除く。

❺ 包丁で細かく刻む。これを4人分で160g使用する。

❻ 鍋にエクストラ・バージン・オリーブオイルと❺を入れて温め、余分な水分を飛ばして塩で味を調える。

#### コンディメントを作る

❶ きゅうりは皮をむいて種を取り、6mm角に刻む。

❷ ①と生姜コンフィーをオリーブオイルとすだち果汁であえて塩で味を調える。

#### 鮎をパート・ブリックで包んで焼く

❶ 鮎は三枚におろし、腹骨を削ぎ取り、中骨を抜く。

❷ 鮎の内臓は塩をふって一晩冷蔵庫でマリネする。次の日、鍋に入れて火にかけて温める。ペースト状になったら裏漉して、冷蔵庫で冷やし固める。

❸ 中骨はオーブンペーパーで挟み、220℃のオーブンに入れてカリカリになるまで焼く。オーブンから出したらすぐに鮎魚醤をスプレーする。

❹ 鮎の切り身に塩、こしょうをし、上下2枚で中骨を挟んで腹の部分に内臓ペーストを塗り、元の形に戻す。

❺ パート・ブリックで巻き、卵白（分量外）で張り合わせる。

❻ サラダ油で全体がカリカリになるよう、きれいに焼き上げる。

❼ 鮎のエッセンスに残りの材料を混ぜ合わせ、ソースを仕上げる。

❽ 皿に焼きなすのピュレを敷いて鮎を並べ、ソースを流し、ナスタチウムの葉を飾る。

## 甘鯛を松笠焼きに
## 蕪のラメルとソテーを甘鯛のエッセンスで

**材料　4人分**

**甘鯛のブイヨン**
- 甘鯛の頭、アラ、かま……250g
- パセリの茎……………………2本
- 黒粒こしょう…………………1g
- 塩………………………………適量
- 水………………………………適量
- 甘鯛の中骨……………………80g
- エクストラ・バージン・
  オリーブオイル………………適量
- 蕪（3mmのスライス）………12枚
- エクストラ・バージン・
  オリーブオイル………………適量
- バター…………………………30g
- 甘鯛のブイヨン………………少々
- 塩………………………………適量
- あやめ雪蕪……………………2個

**甘鯛のブイヨンソース**
- 甘鯛のブイヨン………………160g
- 葛粉、水………………………各適量
- エクストラ・バージン・
  オリーブオイル………………20g
- すだち果汁……………………少々
- 塩………………………………適量
- 甘鯛……………………………4切れ
- ピュア・オリーブオイル……適量

**作り方**

**甘鯛のブイヨンをとる**

❶ 甘鯛の頭、アラ、かまを湯通しし、ザルに上げて流水で洗い流す。

❷ 水気を切った①を鍋に入れ、パセリの茎、黒粒こしょう、ひたひたの水を加え、沸騰したらアクをすくい、塩を加えて20分炊く。

❸ 中骨を細かく切り、オリーブオイルを敷いたフライパンで炒める。

❹ 香ばしい焼き色がついたら②の鍋に加え、さらに10分炊く。

❺ シノワで漉して鍋に戻し、250mℓになるまで煮詰める。

**蕪を準備する**

❶ 蕪のスライスをオリーブオイルで炒め、焼き色をつける。

❷ 鍋にバターを溶かして①を入れ、ブイヨンと塩を加えて煮含める。

❸ あやめ雪蕪を半割にしてオリーブオイルで香ばしくソテーし、塩をふる。

**仕上げをする**

❶ 甘鯛のブイヨンソースを作る。甘鯛のブイヨンに水で溶いた葛粉でとろみをつける。

❷ オリーブオイルを混ぜ合わせ、すだち果汁数滴と塩で味を調える。

❸ 甘鯛は塩をしてしばらく置き、余分な水分を出しておく。水を張った網バットにのせてサラマンドルで皮面を炙り、ウロコを軽く浮き立たせる。

❹ オリーブオイルを熱して甘鯛を皮面からソテーする。

❺ ウロコが立って、身に8割がた火が入ったら返して身側をさっと焼く。

❻ 皿に煮含めた蕪を敷いて甘鯛を盛り、ソースを流し、あやめ雪蕪を添える。

# アオリ烏賊と白アスパラガスのプランチャ焼きにグアンチャーレをのせて

## 材料　4人分
- アオリ烏賊 …………………… 160g
- ホワイトアスパラガス ……… 4本
- 塩 ……………………………… 適量
- ピュア・オリーブオイル …… 適量
- コンディメント
  - ギンディージャ酢漬け
    （スペイン・バスク産青唐辛子
    のピクルス）……………… 10g
  - ケッパー …………………… 10g
  - 玉ねぎ（みじん切り、水でさらす）… 8g
  - 生姜コンフィー（下項参照）… 10g
  - シャルドネヴィネガー …… 5g
  - エクストラ・バージン・
    オリーブオイル ………… 12g
  - 塩 ………………………… 適量
  - イタリアンパセリ（みじん切り）… 適量
- グアンチャーレ（イタリア産豚頬肉の塩漬け、薄切り）……… 12枚
- 仁淀川山椒、セルバチコ … 各少々

＊仁淀川山椒は、高知県産のフルーティーで爽やかな香りの山椒。ここでは粒を使用する。

## 作り方
### 材料の準備をする
❶ アオリ烏賊は掃除をし、サク取りする。
❷ 両面に蛇腹の包丁目を入れる。やや斜めに、両面ぎりぎりの深さまで切り込む。
❸ 塩をふり、オリーブオイルをかけ、プランチャ（またはフライパン）で両面をあぶって表面を焼き固める。
❹ ホワイトアスパラガスは薄皮をむき、ほどよい食感に塩ゆでする。

### 仕上げをする
❶ コンディメントを作る。ギンディージャをみじん切りにし、残りの材料と混ぜ合わせる。
❷ アオリ烏賊を一口大に切り揃え、オリーブオイルを敷いたプランチャ（またはフライパン）でソテーする。
❸ ホワイトアスパラガスも同様にソテーする。
❹ アオリ烏賊とホワイトアスパラガスを皿に盛り、コンディメントをかける。
❺ グアンチャーレをのせて山椒を挽きかけ、セルバチコを飾る。

## ❀ 生姜コンフィー ❀

みじん切りの生姜を低温のオリーブオイルで加熱したもの。刺激的な辛味が抑えられ、おだやかな香りが得られる。

### 材料
- 生姜 …………………………… 100g
- エクストラ・バージン・
  オリーブオイル ………… 50〜60g
- 塩 ……………………………… 少々

### 作り方
❶ 生姜を2mm角に刻む。
❷ 生姜、オリーブオイル、塩を鍋に入れて弱火にかけ、1時間煮る。

# 白バイ貝とジャンボマッシュルームを
# エスカルゴバター風味で

## 材料　4人分
- 白バイ貝のコンフィー ……… 20個
- エスカルゴバター
  - バター ……………………… 120g
  - にんにく（みじん切り）……… 8g
  - エシャロット（みじん切り）… 20g
  - パセリ（みじん切り）………… 15g
  - 塩 ……………………………… 2g
  - 白こしょう ………………… 適量
- クルトン
  - 食パン（5mmの角切り）…… 40粒
  - ピュア・オリーブオイル …… 適量
  - にんにく ……………………… 1片
- にんにくの泡
  - 牛乳 ………………………… 100g
  - ブイヨン・ド・ヴォライユ（205ページ参照）………… 100g
  - レシチン ……………………… 3g
  - にんにくピュレ（下項参照）………………………… 100g
  - バター ………………………… 40g
  - 塩、白こしょう ………… 各適量
- ジャンボマッシュルーム（1cm強のスライス）………… 8枚
- サラダ油、バター ………… 各適量
- 塩 …………………………… 適量
- 絹さや ……………………… 12枚
- グリーンピース ……………… 32g
- エスカルゴバター …………… 80g
- イタリアンパセリ（粗く刻む）………………………… 適量
- シブレット …………………… 4本

＊白バイ貝のコンフィーの作り方は、156ページの「白バイ貝をレモンの香るフヌイユのサラダときゅうりのソースと共に」を参照。

## 作り方

### エスカルゴバターを作る
❶ バターをポマード状に練る。
❷ 残りの材料を加えて練り合わせる。筒状に成形してラップで密閉し、冷凍庫で保存する。

### クルトンを作る
❶ 食パンの薄切りを冷凍して耳を落とし、5mm角に切る。
❷ にんにくを入れたオリーブオイルをゆっくり温めて香りを移す。
❸ 120〜130℃に上がったら①を加えて徐々に温度を上げ、カリッと香ばしく揚げる。

### にんにくの泡を作る
❶ 牛乳とブイヨンを合わせて温め、レシチンを混ぜ合わせる。
❷ にんにくピュレを加えて塩、こしょうで味を調える。
❸ バーミックスで撹拌しながら冷たいバターを少しずつ加え、泡にする。

### 仕上げをする
❶ ジャンボマッシュルームはサラダ油でソテーし、色がつきはじめたらバターを加えて塩をふり、色よく焼き上げる。
❷ 絹さやとグリーンピースは塩ゆでする。絹さやは半分に切る。
❸ バターで②をさっとソテーし、塩のみで調味する。
❹ 鍋にエスカルゴバターを入れて火にかけ、プチプチと泡立ってきたら白バイ貝のコンフィーを加え、バターをからめながら温める。
❺ 白バイ貝が熱くなったらイタリアンパセリを加えてあえる。
❻ 皿にジャンボマッシュルーム1枚を敷いて白バイ貝と③を盛り合わせてクルトンをふり、ジャンボマッシュルームをのせ、シブレットを飾る。

---

## ❀ にんにくピュレ ❀

中国雲南省の高冷地で栽培される高山にんにく（別名プチにんにく）を利用。もともと香りがおだやかな品種だが、3、4回ゆでこぼし、さらに牛乳で煮て、非常にマイルドな風味のピュレに仕上げる。

### 材料
- 高山にんにく ……………………… 500g
- 牛乳 ………………………………… 300g
- 水 …………………………………… 300g
- 塩 …………………………………… 適量

### 作り方
❶ にんにくの皮をむき、半割にする。
❷ 3、4回ゆでこぼし、余分な臭みを取る。
❸ 塩を加えた同割の牛乳と水で柔らかくなるまで煮る。
❹ ミキサーでまわしてピュレにする。固さは煮汁で調節する。

# 白バイ貝をレモンの香るフヌイユのサラダと
# きゅうりソースと共に

## 材料 4人分

- 白バイ貝 ……… 掃除ずみで500g
- スパイスオイル
  - エクストラ・バージン・
    オリーブオイル ……… 100g
  - サラダ油 ……… 100g
  - タイム ……… 1本
  - ローリエ ……… 小2枚
  - コリアンダーシード ……… 6g
  - にんにく(薄切り) ……… 10g
  - 八角 ……… 4g
  - 鷹の爪 ……… 1本
  - 白粒こしょう ……… 4g
- きゅうりのクーリーソース(15人分)
  - きゅうり ……… 350g
  - ブイヨン・ド・ヴォライユ
    (205ページ参照) ……… 150g
  - 塩 ……… 適量
  - きゅうりの皮 ……… 100g
  - 板ゼラチン ……… 2g
  - エクストラ・バージン・
    オリーブオイル ……… 適量
- コンディメント
  - きゅうり(皮をむいて3mm角に刻む)
    ……… 20g
  - レモンの塩漬け(みじん切り) ……… 2g
  - グリーンペッパー(塩水漬け、
    みじん切り) ……… 2g
  - エクストラ・バージン・
    オリーブオイル ……… 20g
- フヌイユ(薄切り) ……… 8枚
- ミニきゅうり(薄切り) ……… 8枚
- レモン汁、レモンフレーバー・
  オリーブオイル、塩 …… 各適量
- 花丸きゅうり ……… 8本

\*レモンの塩漬けの作り方は、181ページ「真鯖の軽い燻製をタプナード風味のなすと共に オリーブ入りのトマトジュレを添えて」を参照。

## 作り方

### 白バイ貝をコンフィーにする

❶ 鍋にスパイスオイルの材料全部を入れ、弱火にかける。にんにくが色づきはじめたら火からはずし、さましておく。

❷ 白バイ貝は殻を割って身を取り出し、内臓と毒のある唾液腺を取り除き、粗塩をまぶしてよく揉んでぬめりを取り、水洗いをしてきれいにする。ザルに上げて水気を切る。

❸ 常温のスパイスオイルに白バイ貝を入れ、弱火にかけてゆっくりと温度を上げていく。60℃まで温まったら火からおろし、氷水に当ててさます。

❹ オイルに浸けた状態で保存する。使用時は人数分を手鍋に取り、身が柔らかくなるまで加熱して盛りつける。

### きゅうりのクーリーソースを作る

❶ きゅうりは皮をむき、縦半割にして種子を除き、5mm厚さに切る。

❷ 塩を加えたブイヨンで①を15分炊く。

❸ きゅうりの皮は5分塩ゆでし、ザルに上げる。水にはさらさない。②の炊き上がりと同時にゆで上がるよう、タイミングを合わせる。

❹ ②と③を熱いうちにミキサーにかけてピュレ状にし、戻した板ゼラチンを溶かし込み、シノワで漉す。冷蔵庫で冷やす。

❺ 使用時は人数分をボウルに取り、1人分のピュレ30gに対して5gのオリーブオイルを混ぜ合わせる。

### 仕上げをする

❶ コンディメントの材料を混ぜ合わせる。

❷ フヌイユとミニきゅうりの薄切りは氷水に浸してパリッとさせ、水気を拭く。レモン汁とレモンフレーバー・オリーブオイル、塩で味つけする。

❸ 皿にクーリーソースを敷いて白バイ貝とコンディメントを盛り、②と花丸きゅうりをのせる。

## 黒トリュフとパルミジャーノをふりかけた温度玉子 黒トリュフのピュレと共に

**材料（1人分）**
黒トリュフのピュレ（20人分）
  バター ……………………… 30g
  にんにく（みじん切り）…… 4g
  シャンピニオン（薄切り）… 200g
  トリュフジュース ………… 30g
  ブイヨン・ド・ヴォライユ
  （205ページ参照）……… 30g
  黒トリュフ（薄切り）…… 200g
  塩、白こしょう ……… 各適量
全卵 ………………………… 1個
塩、白こしょう ………… 各適量
パルミジャーノ・レッジャーノ（すりおろし）… 4g
パルミジャーノ・レッジャーノ（薄く削る）… 6g
黒トリュフ ………………… 適量

**作り方**
**黒トリュフのピュレを作る**
❶ 鍋にバターを溶かし、にんにくを炒めて香りを出す。
❷ シャンピニオンを加えてしんなりするまで炒め、トリュフジュースとブイヨン・ド・ヴォライユを加え、塩、こしょうで味を調え、火を止める。
❸ 黒トリュフを加え、さます。
❹ パコジェットのビーカーに入れ、冷凍する。
❺ パコジェットで粉砕して細かい網で漉す。

**温度玉子を作って盛りつける**
❶ 卵は64℃のスチームコンベクションで40分火を入れる。
❷ 器に卵を割り、塩、こしょうを軽くふり、おろしたパルミジャーノ・レッジャーノをのせ、サラマンドルで溶かす。
❸ スープ皿に1人分につき25gのピュレを流し、②を盛り、薄い削ぎ切りにしたパルミジャーノ・レッジャーノをのせ、トリュフをおろしかける。

## 天然帆立貝と筍のエチュベ 黒トリュフの香り

**材料 4人分**
筍 ……………………………… 1本
米のとぎ汁、塩 ………… 各適量
ジュ・ド・サンジャック
  帆立のひも ………… 8個分
  塩 ………………………… 適量
  エクストラ・バージン・オリーブオイル … 適量
  にんにく ………………… 1片
  エシャロット（みじん切り）… 20g
  白ワイン ………………… 50g
  ブイヨン・ド・ヴォライユ
  （205ページ参照）……… 200g
  タイム、パセリの茎 …… 各1本
  白粒こしょう …………… 数粒
  ピュア・オリーブオイル …… 適量
筍の煮汁 …………………… 40g
ジュ・ド・サンジャック …… 100g
バター ……………………… 30g
活帆立貝柱 ………………… 8個
黒トリュフ（薄切り）……… 適量
エクストラ・バージン・オリーブオイル … 20g
レモン汁 …………………… 少々
セルフィユ ………………… 適量

**作り方**
**筍を下ごしらえする**
❶ 筍の先端を切り落とし、火が入りやすいよう縦に切り込みを入れ、米のとぎ汁でゆでる。ゆで汁の中に一晩置いておく。
❷ 皮をむいて半割にし、水にさらしてアクを抜く。
❸ 塩分1.2％の塩水を沸騰させ、筍を入れてひと煮立ちさせ、そのままさます。

**ジュ・ド・サンジャックを作る**
❶ 帆立のひもは塩もみをし、ぬめりを洗い落として細かく刻む。
❷ オリーブオイルでにんにく、エシャロットをしんなりと炒め、①を加えてよく炒める。
❸ 白ワインを加え、しっかり煮詰める。
❹ ブイヨンを注ぎ、タイム、パセリの茎、白粒こしょうを加えて20分煮出し、漉す。

**帆立にゆっくり火を入れる**
❶ 筍は櫛切りにし、オリーブオイルでソテーして表面に焼き色をつける。貝柱もオリーブオイルでさっとソテーし、軽く焼き色をつける。
❷ 筍の煮汁、ジュ・ド・サンジャックを合わせて沸騰させ、バターを加える。
❸ 筍、貝柱、トリュフを加え、ごく弱火でやさしくゆっくり火を入れる。
❹ 筍と貝柱を取り出し、ソースを煮詰めてエクストラ・バージン・オリーブオイル、レモン汁で味を調え、粗く刻んだセルフィユを加えて仕上げる。
❺ 皿に貝柱、筍を盛り、ソースをかけ、セルフィユを飾る。

## ブルターニュ産オマール海老をソースアメリケーヌで
## ジロール茸のフリカッセをあしらって

### 材料　2人分

**ソース・アメリケーヌ**
- オマールの頭と脚、ガラ‥4尾分
- ピュア・オリーブオイル‥‥適量
- にんにく‥‥‥‥‥‥‥‥‥½株
- 白ワイン‥‥‥‥‥‥‥‥100g
- 水‥‥‥‥‥‥‥‥‥‥‥適量
- にんじん（8mm角に刻む）‥‥120g
- 玉ねぎ（8mm角に刻む）‥‥‥60g
- セロリ（8mm角に刻む）‥‥‥40g
- トマトペースト‥‥‥‥‥‥60g
- コニャック‥‥‥‥‥‥‥‥20g
- ブイヨン・ド・ヴォライユ
  （205ページ参照）‥‥‥‥適量
- エストラゴン、パセリの茎
  ‥‥‥‥‥‥‥‥‥‥‥各適量
- 白粒こしょう‥‥‥‥‥‥‥少々
- コーンスターチ、水‥‥‥各適量
- コライユバター‥‥‥‥‥‥適量
- 塩‥‥‥‥‥‥‥‥‥‥‥‥適量
- ブルターニュ産オマール‥‥1尾
- ピュア・オリーブオイル‥‥適量

**ジロールのフリカッセ**
- ジロール‥‥‥‥‥‥‥‥‥70g
- バター‥‥‥‥‥‥‥‥‥‥15g
- ブイヨン・ド・ヴォライユ
  （205ページ参照）‥‥‥‥少々
- エシャロット（みじん切り）‥10g
- セルフィユ（粗く刻む）‥‥適量
- 塩、白こしょう‥‥‥‥‥各適量
- グリーンアスパラガス‥‥‥2本
- 塩、バター‥‥‥‥‥‥‥各適量
- 芽ねぎ‥‥‥‥‥‥‥‥‥‥少々

＊コライユバターはオマールのコライユ（みそ）1に対してバター3、コニャック少々を練り合わせたもの。

### 作り方

**ソース・アメリケーヌを作る**

❶ オマールの頭は砂袋、えらを取り除き、脚、ガラとともにハサミで小さく切る。コライユはコライユバターに使い、白いみそが入っていたら炒めるときに加える。

❷ 鍋にオリーブオイルを敷いて①、にんにくを炒める。

❸ 余分な水分をしっかり飛ばしたら、白いみそを加えて炒める。

❹ コニャックをふる。殻が焦げるのでフランベはしないこと。

❺ 水分が飛んだら白ワインを加え、カラカラになるまでしっかり煮詰める。

❻ 同時進行で別鍋にオリーブオイルを敷き、にんじん、玉ねぎ、セロリを炒め、しんなりしたらトマトペーストを加えて炒め合わせる。

❼ ⑥を⑤に加えてなじませる。

❽ 水とブイヨンをひたひたに加える。ブイヨンは旨みを補う役割なので、量は少なめに。

❾ ひとわかししてアクをすくい、エストラゴン、パセリの茎、白粒こしょうを加えて30分炊く。

❿ エキスを絞り出すように押しながらシノワで漉す。

⓫ 細かい網で漉し、味がのるまで煮詰める。

⓬ 盛りつけの前に、濃度が足りないようなら水溶きコーンスターチで濃度をつけてからコライユバターを混ぜ込み、塩で味を調えて仕上げる。

**オマールを焼く**

❶ オマールは沸騰した湯に沈めて、動かなくなったら引き上げて頭と尾、脚と爪に切り分ける。

❷ 大きなほうの爪は3〜3分30秒、小さいほうの爪は2〜2分30秒ゆで、殻をはずしてむき身にする。

❸ 尾を4等分に切り、殻つきのままオリーブオイルで背側から焼き、身をしっとりと仕上げる。タイミングを見計らって爪も入れて同様に焼き上げる。

**ジロールとアスパラガスを用意し、仕上げる**

❶ ジロールは石突きを取り、掃除する。

❷ バター10g、ブイヨンと一緒に鍋に入れ、蓋をして蒸し煮にする。煮汁がおいしいようだったらあとで使い、えぐみなどがある場合は使わない。

❸ 別鍋にバター5gと②のジロールを入れて火にかけ、バターをジロールにからめる。

❹ 煮汁とエシャロットを加えてさっと火を入れ、塩、こしょうを軽くしてセルフィユをあえる。

❺ アスパラガスは袴を取り、上部は薄膜だけを包丁でていねいに削り取る。

❻ 歯応えよく塩ゆでし、バターでソテーする。

❼ 皿にソース・アメリケーヌを敷いてオマールを盛る。

❽ アスパラガスに切れ目を入れてジロールをのせ、芽ねぎを飾る。

# ブルターニュ産オマール海老のティエド
## バニラの香るヴィネグレットとマンゴーと共に

### 材料　2人分
- ブルターニュ産オマール……1尾
- カレー粉……少々
- ピュア・オリーブオイル……適量
- ブイヨン・ド・ヴォライユ
  （205ページ参照）……少々
- ヴィネグレット・シトロン・ヴァニーユ
  - レモン汁……30g
  - レモンの塩漬けの汁……30g
  - 蜂蜜……40g
  - バニラビーンズ……1本分
  - サラダ油……150g
- クールジェット、黄色クールジェット
  ……各½本
- エクストラ・バージン・
  オリーブオイル、塩……各適量
- スペアミント（せん切り）……2g
- マンゴーの付け合わせ
  - ペリカンマンゴー（5mm角に刻む）
    ……60g
  - コリアンダーの葉（粗く刻む）……2g
  - 生姜コンフィー（154ページ参照）……2g
  - レモン汁、塩……各適量
  - エクストラ・バージン・
    オリーブオイル……2g
- コリアンダーの花と葉、バニラ
  ……各少々

＊レモンの塩漬けの汁は、181ページ「真鯖の軽い燻製をタプナード風味のなすと共に　オリーブ入りのトマトジュレを添えて」を参照。真空パックの袋にたまった液体を使う。

### 作り方
**オマールを準備する**
❶ オマールは沸騰した湯に沈めて、動かなくなったら引き上げて頭と尾、脚と爪に切り分ける。
❷ 大きなほうの爪は3～3分30秒、小さいほうの爪は2～2分30秒ゆで、殻をはずしてむき身にする。
❸ 尾は縦半割にして身にカレー粉を少量つける。
❹ プランチャ（またはフライパン）にオリーブオイルを敷き、殻と切り口を軽くソテーする。
❺ バットにのせてサラマンドルで身がしっとり仕上がる程度に温め、休ませて余熱で火を入れる。

**ヴィネグレット、付け合わせを作る**
❶ ヴィネグレットを作る。レモン汁、レモンの塩漬けの汁、蜂蜜、バニラビーンズをバーミックスで撹拌し、サラダ油を少しずつ加えてつなぐ。
❷ クールジェット2種は、マンドリーヌで細長いパスタ状に切る。
❸ エクストラ・バージン・オリーブオイルで軽くソテーし、しんなりとして、なおかつ歯応えよく仕上げ、最後にスペアミントをからめて塩で味を調える。
❹ ペリカンマンゴーと残りの材料をさっとあえる。

**仕上げをする**
❶ オマールの尾をサラマンドルで温め直して殻をむく。
❷ 爪は鍋に入れ、オリーブオイルとブイヨンを少し加え、温める。
❸ 尾と爪にヴィネグレットを塗って皿に盛る。
❹ クールジェットとマンゴーを添え、コリアンダーの花と葉、バニラを飾る。

## 鱧のベニエに夏野菜を添えて 酸味と辛味の効いたコンディメントと共に

**材料　4人分**
**神楽南蛮のコンディメント（6人分）**
　神楽南蛮（魚沼地方特産の青唐辛子）
　　………… 赤、青各15g
　コルニッション（みじん切り）‥10g
　玉ねぎ（みじん切り、水にさらす）‥10g
　ケッパー ……………………… 12g
　生姜コンフィー（154ページ参照）……10g
　塩 ……………………………… 適量
　白バルサミコ酢 ……………… 10g
　エクストラ・バージン・
　　オリーブオイル ………… 12g
　イタリアンパセリ（粗みじん切り）
　　……………………………… 適量
きゅうり ………………………… 30g
クールジェット ………………… 30g
コリンキー ……………………… 30g
オクラ …………………………… 4本
塩 ………………………………… 適量
フルーツトマト ………………… 30g
エクストラ・バージン・
　オリーブオイル ……………… 12g
すだち果汁 ……………………… ½個分
鱧 ………………………………… 4切れ
**ベニエ生地**
　薄力粉、コーンスターチ‥各30g
　ベーキングパウダー ………… 20g
　ぬるま湯 ……………………… 適量
　塩、サラダ油 ………………… 各少々
強力粉、サラダ油 ……………… 各適量
仁淀川山椒、花穂 ……………… 各適量

**作り方**
**神楽南蛮のコンディメントを用意する**

❶ 神楽南蛮の赤と青はみじん切りにし、エクストラ・バージン・オリーブオイル（分量外）でソテーする。

❷ ①とコルニッション、玉ねぎ、ケッパー、生姜コンフィーを混ぜ合わせて塩、白バルサミコ酢で味を調え、オリーブオイルとイタリアンパセリを合わせる。

**ソースを作り、鱧を揚げる**

❶ きゅうり、クールジェット、コリンキーは一口大に切り、塩を当てておく。オクラは塩ゆでにして、食べやすく切る。

❷ 一口大に切ったトマトと①を合わせ、オリーブオイル、すだち果汁、塩で味を調える。

❸ 鱧は161ページ「鱧をオリーブオイル焼きにする」の①と同様に準備する。

❹ 薄力粉、コーンスターチ、ベーキングパウダーをボウルに入れ、ぬるま湯で溶く。濃度は天ぷら衣程度に、ただしダマが残らないようよく混ぜきる。塩とサラダ油を混ぜ合わせる。

❺ 鱧に塩をふり、全体に強力粉をふり、身側だけベニエ生地にくぐらせ、180℃の油で揚げる。

❻ 皿に②を盛って鱧をのせ、山椒を挽きかけ、花穂をあしらう。野菜に神楽南蛮のコンディメントを散らす。

# 鱧のオリーブオイル焼きを木の芽の香りと鱧のブイヨンを注いで

## 材料 4人分

**鱧のブイヨン**
- 鱧のアラ ‥ 350g（700gの鱧2尾分）
- 鱧の中骨 ‥‥‥‥‥‥‥‥ 100g
- 水 ‥‥‥‥‥‥‥‥‥‥‥ 1.4ℓ
- 昆布 ‥‥‥‥‥‥‥ 3cm角1枚
- 塩 ‥‥‥‥‥‥‥‥‥‥‥‥ 6g
- 黒粒こしょう ‥‥‥‥‥‥‥ 2g
- パセリの茎 ‥‥‥‥‥‥‥‥ 2本

- 鱧 ‥‥‥‥‥‥‥‥‥‥‥ 4切れ
- 賀茂なす ‥‥‥‥‥‥‥‥‥ ½個
- サラダ油 ‥‥‥‥‥‥‥‥‥ 適量
- 梅のピュレ ‥‥‥‥‥‥‥‥ 8g
- 塩 ‥‥‥‥‥‥‥‥‥‥‥‥ 適量
- エクストラ・バージン・オリーブオイル ‥‥‥‥‥ 適量
- 葛粉、水 ‥‥‥‥‥‥‥ 各適量
- すだち ‥‥‥‥‥‥‥‥‥‥ 適量
- 香川県産エクストラ・バージン・オリーブオイル ‥‥‥ 20g
- 枝豆（塩ゆでしたもの）‥‥‥ 適量
- 木の芽 ‥‥‥‥‥‥‥‥‥‥ 適量

＊梅のピュレは、182ページの「フォアグラのソテー　南高梅のコンフィチュールと梅干しのキャラメルソース」の南高梅のコンフィチュールと同様に作る。

## 作り方

### 鱧のブイヨンをとる

❶ 鱧のアラは一度湯引きをし、水洗いしてぬめり等を落とす。中骨はサラマンドルで香ばしく焼く。

❷ 水に昆布を入れて火にかけ、わいてきたら昆布を引き上げ、鱧のアラを入れる。

❸ 塩、黒粒こしょう、パセリの茎を加え、アクを引きながら20分ほど炊く。

❹ 中骨を熱いうちに加え、10分ほど炊く。こうすることで香ばしさがブイヨンに移り、特徴的な風味が生まれる。

❺ キッチンペーパーで漉す。

### 鱧をオリーブオイル焼きにする

❶ 骨切りをした鱧を網じゃくしに皮を下にしてのせ、沸騰直前の湯に皮だけ浸ける。皮に火が入ったら全部沈め、身が開いて牡丹鱧状になったら引き上げて水気を切る。

❷ ヘタと底を切って半割にした賀茂なすをサラダ油で素揚げし、皮をむいて塩をふる。

❸ ②を4等分し、それぞれに梅のピュレ、鱧をのせ、エクストラ・バージン・オリーブオイルを多めにかけてサラマンドルで焼き、鱧の中心までやさしく火を入れる。

### 仕上げをする

❶ 1人分につき40gの鱧のブイヨンを水溶き葛粉でつなぎ、すだち果汁を数滴落とし、香川県産エクストラ・バージン・オリーブオイルを加え、器に注ぎ、枝豆を散らす。

❷ 焼いた鱧と賀茂なすをのせて木の芽をふり、すだちの皮をおろしかける。

にイタリアンパセリの葉を散らして椎茸を並べ、1個につき85〜90gのファルスを詰めて、包む。
❾ 提供時に、サラダ油で裏面から焼く。うっすらと焼き色がついたら180〜190℃のオーブンに入れて、しっかりと火を通す。

### マデラソースを作る
❶ にんにくとエシャロットをバターで炒める。
❷ 色がついてキャラメリゼしてきたらシェリーヴィネガーを加え、しっかり煮詰める。
❸ マデラ酒を加え、しっかり煮詰める。
❹ フォン・ド・ヴォーを加え、味がのるまで煮詰める。シノワで漉す。
❺ 1人分30gの④に対し、バター10gを混ぜ込み、塩、こしょうで味を調える。

### ポテトピュレを作る
❶ メークインを皮つきのまま塩ゆでする。
❷ 皮をむいて裏漉しする。
❸ 鍋に入れ、しっとりの手前の状態になるまで温めた牛乳を少しずつ混ぜ合わせる。
❹ 軽く温めながら、冷たいバターを少量加え、よく混ぜ合わせて混ぜ込む。最初はへらで、なめらかなピュレ状になってきたら泡立て器に変える。途中で水分が足りなくなったら、牛乳を適量加えて補う。
❺ 塩のみで味を調える。

### 付け合わせを作って仕上げる
❶ マコモタケは薄皮をピーラーでむき、斜めに切る。
❷ オリーブオイルを敷いたプランチャ（またはフライパン）でソテーし、仕上げにバターを溶かしてからめ、塩をする。
❸ モロッコいんげんは塩ゆでし、②と同様にソテーする。
❹ 皿にポテトピュレを敷いてクレピネット、①と②を盛り、ソースを流して芥子菜をあしらう。

## 十日町妻有ポークのロース肉をシンプルにロースト
## 津南産アスパラガスとかんずりをからめた新じゃが

### 材料　4人分
- 豚ロース肉　500g
- 塩　適量
- サラダ油　適量
- グリーンアスパラガス　4本
- 新じゃが　10個
- にんにく　1〜2片
- バター　適量
- かんずり　8g
- ジュ・ド・ポー（206ページの「ジュ・ド・ヴォライユ」参照）　40g
- フルール・ド・セル　少々

### 作り方
#### 豚ロースをかたまりで焼く
❶ ロース肉のかたまりは、脂が厚い部分は削って均等にする。
❷ 脂が抜けやすいように包丁目を斜めに入れ、塩をふる。
❸ プランチャ（またはフライパン）にサラダ油を敷き、脂をしっかり溶かして落としながら全体に焼き色をつける。肉は温まる程度でよい。
❹ 肉が鍋底に当たらないようアルミホイルで輪っかを作って敷き、その上に肉をのせる。蓋をしてプランチャの脇などの低温の場所に置き、ときどき天地を返しながら40分〜1時間かけてゆっくりローストする。

### 付け合わせを作り、仕上げをする
❶ アスパラガスは塩ゆでし、バターで炒め、塩をふる。
❷ 新じゃがは皮つきのまま水からゆでる。
❸ アクとえぐみが抜けて6割がた火が入ったら水気を切り、半割にする。
❹ サラダ油で切り口をソテーする。
❺ 鋳物の鍋に入れ、つぶしたにんにく、バターを加え、蓋をしてときどき混ぜ合わせながら弱火でゆっくり火を入れる。
❻ 盛りつけ前にバターとかんずりをからめる。
❼ 豚ロース肉はもう一度、脂を香ばしく焼き、バターをからめる。
❽ 筋などを切り落としてスライスし、皿に盛る。ジュをかけてフルール・ド・セルをふる。
❾ アスパラガスと新じゃがを添える。

## 豚足と茸のクレピネット　ポテトピュレと共に　マデラソースで

### 材料

**豚足の下ごしらえ**
- 豚足 …… 8本
- 水 …… 適量
- 玉ねぎ …… 300g
- にんじん …… 200g
- セロリ …… 100g
- にんにく …… 2株
- 黒粒こしょう …… 10g
- ローリエ …… 2枚
- クローブ …… 2本
- 塩、黒こしょう …… 各適量

**豚足と茸のクレピネット**
（16〜18個分）
- 豚バラ肉 …… 1kg
- 塩 …… 肉の量の1％
- 黒こしょう …… 適量
- マジョラム（みじん切り） …… 2本
- タイム（みじん切り） …… 6本
- ローズマリー（みじん切り） …… 1本
- にんにく（すりおろす） …… 1片
- 全卵 …… 1個
- 38％生クリーム …… 150g
- イタリアンパセリ（粗く刻む） …… 8g
- 豚足（8mm角に切る） …… 200g
- 椎茸のデュクセル …… 160g
- 豚の網脂 …… 適量
- 椎茸（薄切り） …… 適量
- イタリアンパセリ …… 適量
- サラダ油 …… 適量

**マデラソース**
（出来上がりは220g、約8人分）
- にんにく（みじん切り） …… 10g
- エシャロット（みじん切り） …… 80g
- バター …… 40g
- シェリーヴィネガー …… 80g
- マデラ酒 …… 250g
- フォン・ド・ヴォー（206ページ参照） …… 300g
- バター（モンテ用） …… 1人分 10g
- 塩、黒こしょう …… 各適量

**ポテトピュレ**（15人分）
- メークイン …… 適量
- 塩 …… 適量
- 牛乳 …… メークイン200gに対し50〜70mℓ
- バター …… メークイン200gに対し70〜80g
- マコモタケ …… 1人分 ½本
- エクストラ・バージン・オリーブオイル、バター、塩 …… 各適量
- モロッコいんげん …… 1人分 1.5本
- 芥子菜 …… 1人分 5、6枚

＊椎茸のデュクセルは、173ページ「岩手石黒牧場ホロホロ鳥胸肉をファルスと共にロースト　モリーユ茸をヴァン・ジョーヌの香りで」のシャンピニョン・デュクセルと同様に作る。

### 作り方

**豚足の下ごしらえをする**

❶ 豚足は毛を焼ききり、3回水からゆでこぼす。

❷ 鍋に入れてたっぷりの水を注ぎ、半割にした玉ねぎとにんじん、セロリ、半割にしたにんにく、黒粒こしょう、ローリエ、クローブ、塩を加え、沸騰したらふつふつとわいた状態で2時間30分ゆでる。

❸ 豚足を引き上げて蹄と骨をていねいに取り除き、形を崩さないように1枚に開き、塩、こしょうで下味をつける。

❹ ラップで挟んで重しをのせ、板状に冷やし固める。固まったら8mm角に切り、クレピネットに使う。

**豚バラ肉をマリネし、クレピネット包みを作る**

❶ 豚バラ肉の赤身と脂身を分ける。赤身4対脂身1の割合で使用する。

❷ 赤身と脂身それぞれ1cm角に手切りし、塩と黒こしょう、香草類とにんにくをまぶしてラップで密閉し、冷蔵庫で一晩マリネする。

❸ 脂身の半量をロボクープでペースト状になるまで攪拌する。

❹ 赤身を加え、脂身とよくなじみ、肉の粒がまだ残る程度にまわす。小さくしすぎないのがポイント。

❺ 残りの脂身を加え、脂の粒が残る程度にまわす。

❻ ボウルに移し、全卵を混ぜ合わせてつなぎ、次に生クリームを加えてつなぐ。

❼ 豚足と椎茸のデュクセル、イタリアンパセリを混ぜ合わせる。これでファルスが完成。

❽ 網脂をセルクルにかぶせ、底

❸ たっぷりのサラダ油を熱したフライパンで両面をカリッと焼き上げる。

### ごぼうの芹風味を作る
❶ ごぼうは水にさらし、酢水に浸けてアクを抜く。
❷ 水気を切り、バターで炒めて塩をふる。
❸ ブイヨンを加えて蓋をし、ごぼうに火を入れる。
❹ ブイヨンが煮詰まってごぼうにからむ状態になったら芹の茎を一口大に切って加え、仕上げに細かく刻んだ葉をあえる。

### 胸肉を焼いて仕上げる
❶ 胸肉の繊維に沿って、皮に細かい包丁目を入れる。
❷ 皮には塩だけをふり、腹の内側には塩、こしょうをすり込む。
❸ 1羽で調理するときはフライパン、半羽の場合はプランチャ（なければフライパンでよい）を使用し、サラダ油で皮面を焼いて余分な脂を落とし、内側はアロゼする。
❹ 190℃のオーブンで焼いては休ませるを2、3回繰り返し、ロゼに焼き上げる。
❺ 骨をはずし、フィレに切り揃える。
❻ サルミソースを敷いた皿に盛り、ごぼうの芹風味と腿肉のブリック包みを添える。

## イチジクの葉に包んで焼いたシャラン鴨 佐渡産黒イチジクのヴェルジュ風味とラディッシュのグラッセ

### 材料　4人分
シャラン鴨胸肉（骨つき）………1枚
塩、白しょう ……………… 各適量
サラダ油 ………………………… 少々
イチジクの葉 ……………………… 適量
黒イチジクのコンポテ
　黒イチジク ………………… 2個
　バター …………………… 20g
　グラニュー糖 ………… 10〜15g
　塩、黒こしょう ………… 各適量
　ヴェルジュ …………… 20〜25g
ラディッシュのグラッセ
　ラディッシュ ……………… 12個
　グラニュー糖 ……………… 25g
　バター …………………… 20g
　赤ワインヴィネガー ……… 20g
　塩 ………………………………… 少々
ジュ・ド・カナールまたはジュ・ド・ヴォライユ（206ページ参照）…… 適量
フルール・ド・セル ……………… 少々
黒粒こしょう（粗く砕く）……… 少々

### 作り方
#### 鴨胸肉を乾かし、ロゼに焼く
❶ 鴨胸肉は毛、余分な脂肪を掃除して冷蔵庫の通風のよい場所で2、3日間乾かす。
❷ 皮に細かい包丁目を一直線に入れ、皮には塩、内側には塩、こしょうをする。
❸ フライパンに少量のサラダ油を敷き、皮面から脂をよく落とすように焼く。
❹ イチジクの葉で包み、180〜190℃のオーブンで、2、3回出しては休ませることを繰り返しながらロゼに焼き上げる。

#### 付け合わせを用意する
❶ 黒イチジクのコンポテを作る。鍋にバターとグラニュー糖を温め、溶けて色づいたら半割にした黒イチジクを加え、よくからめる。
❷ 火が入ったら塩、黒こしょうをふり、ヴェルジュを加える。煮汁をイチジクにかけながら煮詰める。
❸ ラディッシュのグラッセを作る。グラニュー糖を軽くキャラメリゼし、バター、葉を切って半割にしたラディッシュを加え、赤ワインヴィネガーをふる。歯応えが残るように仕上げ、塩で味を調える。

#### 仕上げをする
❶ 鴨胸肉をオーブンで軽く温め直し、もう一度バターで皮面をパリッと焼き、切り分ける。
❷ 皿に肉を盛り、ジュをかけ、フルール・ド・セルと黒粒こしょうをふる。
❸ 黒イチジクを添え、まわりに煮汁を流す。
❹ ラディッシュを添え、葉を飾る。

## 新潟大河津分水の真鴨をサルミソースで芹を加えたごぼうと腿肉のブリック添え

### 材料 4人分

**真鴨の胸肉** …………… 1羽分

**ソースのベース**
- 真鴨のガラ …………… 500g
- サラダ油 ……………… 適量
- にんにく ……………… ½株
- 玉ねぎ(薄切り) ……… 50g
- にんじん(薄切り) …… 30g
- セロリ(薄切り) ……… 20g
- コニャック …………… 適量
- 赤ワイン ……………… 500g
- ブイヨン・ド・ヴォライユ
  (205ページ参照) …… 500g
- フォン・ド・ヴォー(206ページ参照)
  ………………………… 100g
- 黒粒こしょう ………… 1g
- ローリエ ……………… ¼枚
- ねずの実 ……………… 2g
- タイム ………………… 1本
- パセリの茎 …………… 1本

**レバーペースト**
- バター ………………… 20g
- にんにく ……………… 1片
- ローリエ ……………… ¼枚
- ねずの実 ……………… 6粒
- タイム ………………… 1本
- 真鴨のレバー ………… 1羽分
- 鴨のフォアグラ… 真鴨のレバーの½量
- 塩、白こしょう ……… 各適量

**サルミソース**
- ソースのベース ……… 160g
- にんにく(みじん切り) … 少々
- 白こしょう …………… 適量
- レバーペースト ……… 60g
- フォアグラ・バター … 30g
- コニャック、赤ワインヴィネガー、
  煮詰めた赤ワイン …… 各適量

**腿肉のブリック包み**
- 真鴨腿肉の挽肉 ……… 1羽分
- 豚バラの挽肉(脂多め)… 真鴨腿肉の⅓量
- 真鴨の心臓と砂肝のコンフィー
  (みじん切り) ………… 1羽分
- トリュフ(みじん切り) … 少々
- にんにく(みじん切り) … 少々
- イタリアンパセリ(粗く刻む)… 少々
- パート・ブリック …… 1枚
- サラダ油 ……………… 適量

**ごぼうの芹風味**
- ごぼう(長さ7cmのせん切り)… 50g
- バター ………………… 10g
- 塩 ……………………… 少々
- ブイヨン・ド・ヴォライユ
  (205ページ参照) …… 30g
- 芹 ……………………… 4本
- 塩、黒こしょう ……… 各適量

＊フォアグラ・バターは、フォアグラのテリーヌとバターを同割で練り合わせる。
＊真鴨の心臓と砂肝のコンフィーは、にんにく、タイム、ローリエをまぶして1時間塩漬けし、真鴨の皮を煮て脂を抽出したサラダ油で、80℃20分間煮て作る。

### 作り方

**真鴨の皮を焼き、乾かす**
❶ 真鴨は内臓を取り、腿肉をはずし、手羽はそのまま骨つき胸肉の状態で使用する。皮全体をバーナーであぶり、表面のコートを焼ききる。
❷ 氷水に落として汚れをきれいに洗い流す。
❸ 冷蔵庫の中の通風のよい場所で2、3日間乾かす。

**ソースのベースを作る**
❶ 適当に刻んだガラをサラダ油で炒める。途中で半割のにんにくを加える。
❷ 別の鍋にサラダ油を敷き、玉ねぎ、にんじん、セロリを炒める。
❸ ガラの余分な油を捨て、コニャックを加えてアルコール分を飛ばし、赤ワインを注ぐ。
❹ 軽く煮詰める。ほどよく煮詰まったらブイヨン・ド・ヴォライユとフォン・ド・ヴォーを加え、沸騰したらアクを取り除く。
❺ 黒粒こしょう、ローリエ、ねずの実、タイム、パセリの茎を加え、1時間炊く。
❻ シノワで漉し、上に浮いた脂を取り除く。

**レバーペーストを作る**
❶ 鍋にバターを溶かし、にんにく、ローリエ、ねずの実、タイムを炒めて香りを出す。
❷ フォアグラを加え、軽くソテーする。
❸ 色づいたらフォアグラを取り出す。
❹ レバーを入れてソテーする。血の気が残る程度に軽く火を入れ、塩、こしょうをする。
❺ 香草類を取り除き、レバーとフォアグラを脂と一緒に細かい漉し器で漉し、よく練り合わせる。

**サルミソースを作る**
❶ ソースのベースににんにく、こしょうを加え、沸騰させる。
❷ 火からはずし、レバーペーストを混ぜ込んでいく。
❸ シノワで漉して鍋に戻し、静かにひとわかしする。
❹ フォアグラ・バターを混ぜ込み、味を見て塩味を調え、コニャックで香りづけし、赤ワインヴィネガー、煮詰めた赤ワインを適宜加えて仕上げる。

**腿肉のブリック包みを作る**
❶ パート・ブリックとサラダ油以外の材料をよく混ぜ合わせる。
❷ パート・ブリックで三角形に包む。

# ホワイトアスパラガスのババロア仕立て
# オシェトラ・キャビアと共に

## 材料 12人分

ホワイトアスパラガス ……………… 掃除ずみで350g
ブイヨン・ド・ヴォライユ
（205ページ参照）………… 200g
コーンスターチ ……………… 15g
水 ……………………………… 適量
卵黄 …………………………… ½個
42％生クリーム ……………… 50g
クレーム・ドゥーブル ………… 25g
板ゼラチン …………………… 4g
42％生クリーム（8分立て）… 40g
ホワイトアスパラガスのジュレ
　玉ねぎ ……………………… 150g
　にんじん …………………… 100g
　ポワロー …………………… 50g
　セロリ ……………………… 25g
　パセリの茎 ………………… 適量
　セル・グリ（ゲランド産海塩）… 5g
　白粒こしょう ……………… 1g
　水 ………………………… 850g
　ホワイトアスパラガスの皮 … 80g
　板ゼラチン …… 液体量の1.4％
　ホワイトアスパラガスの固ゆで… 180g
　塩 ………………………… 適量
キャビア ……………………… 適量
煮詰めたソース・アメリケーヌ… 適量
海老オイル …………………… 適量
パセリオイル ………………… 適量

＊パセリオイルは、エクストラ・バージン・オリーブオイルとパセリの葉をミキサーで撹拌して作る。
＊ソース・アメリケーヌの作り方は、158ページ「ブルターニュ産オマール海老をソース・アメリケーヌで　ジロール茸のフリカッセをあしらって」を参照。
＊海老オイルは、ソース・アメリケーヌを作る工程中に上に浮いた油を集めてとっておいたものを使用している。

## 作り方

### ホワイトアスパラガスのババロアを作る

❶ ホワイトアスパラガスは根元を薄切りに、穂先に近いほうは少し厚めに切って鍋に入れる。
❷ ブイヨン・ド・ヴォライユを加えて火にかける。沸騰したらアクを取り除き、蓋をして8分ほど火を入れる。
❸ ザルで漉し、アスパラガスだけをミキサーにかけてピュレを作る。
❹ 煮汁はピュレと合わせたときに300gになる量にまで煮詰める。
❺ ピュレと煮汁を合わせてわかし、水溶きコーンスターチをダマにならないよう泡立て器で混ぜ込み、少し煮て粉気を十分に飛ばす。
❻ いったん火からはずし、卵黄、生クリーム、クレーム・ドゥーブルを混ぜ合わせたものを泡立て器でかき混ぜながら加え、弱火にかける。
❼ 全体をかき混ぜながら卵黄にゆっくり火を入れていく。
❽ 表面がプクッと1、2度わいたら火を止め、戻したゼラチンを加えて溶かし混ぜる。
❾ 細かいシノワで漉し、氷水に当てて混ぜながら冷やす。
❿ 濃度がつきはじめたら8分立ての生クリームを合わせ、冷蔵庫で冷やし固める。

### ホワイトアスパラガスのジュレを作る

❶ 玉ねぎ、にんじん、ポワロー、セロリはざく切りにし、鍋に入れてパセリの茎、セル・グリ、白粒こしょう、水を加える。
❷ 20分炊き、アスパラガスの皮を加えてさらに10分ほど炊いて香りを移し、シノワで漉す。約700gのブイヨンができる。
❸ 塩で味を調え、戻したゼラチンを溶かし、冷やす。
❹ ホワイトアスパラガスは皮の香りを移した湯で固めに塩ゆでし、ザルに上げて水気を切り、塩をふってさます。5mm角に切り揃えて❸のジュレと合わせる。

### 仕上げをする

❶ 器にジュレ30〜35gを流して冷やし固める。
❷ キャビア10g程度をのせ、ババロアをその上に覆いかぶせる。
❸ 煮詰めたアメリケーヌ・ソース、海老オイル、パセリオイルで点々を描く。

## 毛蟹、アボカド、りんごのアンサンブルにトマトのエスプーマをのせて

### 材料

**トマトのエスプーマ**
（出来上がりは500g、20人分）
- フルーツトマト ………… 600g
- 塩 ………………………… 7g
- グラニュー糖 ………… 5〜10g
- シャルドネヴィネガー …… 30g
- 板ゼラチン ……… 全体量の1.5%

**毛蟹**（4人分）
- 毛蟹のほぐし身 ………… 100g
- 蟹みそ …………………… 適量
- エストラゴン …………… 少々
- エクストラ・バージン・オリーブオイル ………… 8g
- カレー粉 ………………… 少々

**アボカド＆グラニースミス**（12人分）
- アボカドの果肉 ………… 250g
- グラニースミス（または他の青りんご、紅玉）… 50g
- レモン汁 ………………… 5g
- 塩、白こしょう ……… 各適量
- サラダ菜 …………… 1人分5g
- ヴィネグレット・ソース（下項参照）………… 適量
- フルーツトマトのスライス ………… 1人分1枚（20g）

### 作り方

**トマトのエスプーマを作る**

❶ フルーツトマトは皮を湯むきし、種子を取り除く。

❷ 塩、グラニュー糖、シャルドネヴィネガーと一緒にミキサーでまわしてクーリー状にし、細かいシノワで漉す。重さを計って1.5％量の板ゼラチンを用意する。

❸ クーリーの一部を温め、戻した板ゼラチンを加えて溶かし、残りのクーリーと合わせて冷やす。

❹ 固まる手前でエスプーマのサイフォンに入れ、亜酸化窒素ガスを充填し、冷蔵庫で冷やしておく。

**残りの材料を用意する**

❶ 毛蟹はよく洗い、甲羅を下にして30分ほど蒸して殻から身とみそを取り出す。

❷ ほぐし身、みそ、2mm角に切ったエストラゴン、オリーブオイル、カレー粉を合わせる。

❸ アボカドは1cm角、りんごは5mm角に切る。

❹ アボカドにレモン汁をふり、フォークの背で半分くらいつぶし、りんごを混ぜ合わせて塩、こしょうで味を調える。

❺ サラダ菜は細切りにしてヴィネグレット・ソースであえる。

**仕上げをする**

❶ 皿に直径6cmのセルクルを置き、1人分につきアボカド＆グラニースミス25g、フルーツトマトのスライス、サラダ菜5g、毛蟹25gを重ねる。

❷ いちばん上にトマトのエスプーマを25g絞り出し、セルクルを抜く。

---

### ❋ ヴィネグレット・ソース ❋

ヴィネグレット・ソースの基本配合。酢はシェリーヴィネガーと赤ワインヴィネガーの2種、サラダ油を使用する。

**材料**
- シェリーヴィネガー ………… 90g
- 赤ワインヴィネガー ………… 190g
- ディジョンマスタード ……… 30g
- 塩 …………………………… 30g
- 白こしょう ………………… 3g
- サラダ油 …………………… 1ℓ

**作り方**

❶ ボウルにシェリーヴィネガー、赤ワインヴィネガー、ディジョンマスタード、塩、こしょうを入れて混ぜ合わせる。

❷ サラダ油を少しずつ加えてかき混ぜる。

## 黒トリュフのタルト　リューズスタイルで

**材料**
デュクセル（8人分）
　シャンピニオン ………… 200g
　バター ………………… 30g
　にんにく（みじん切り）…… 4g
　エシャロット(みじん切り)…… 30g
　ベーコン（みじん切り）…… 50g
　白ワイン ………………… 40g
　塩、黒こしょう ………… 各適量
生クリーム ………………… 適量
黒トリュフ ………………… 適量
タルト用（1人分）
　フィユタージュ（焼いたもの）
　　…… 6cm×7cmの長方形1枚
　トリュフ入りデュクセル …… 30g
　ラルド（薄切り）………… 1枚
　ジュ・ド・ポー(206ページの「ジュ・ド・ヴォライユ」参照)… 小さじ2
　黒トリュフ（薄切り）……… 10g
　黒トリュフのピュレ ……… 20g
　フルール・ド・セル、白こしょう
　　………………………… 各適量

＊黒トリュフのピュレの作り方は、157ページの「黒トリュフとパルミジャーノをふりかけた温度玉子　黒トリュフのピュレと共に」を参照。

**作り方**
**デュクセルを作る**
❶　シャンピニオンを櫛切りにし、半量のバターで炒めて風味を凝縮させ、ロボクープで粗みじん切りにする。
❷　鍋に残りのバターを溶かし、にんにく、エシャロットを炒めてしんなりさせる。
❸　ベーコンを加えて炒める。
❹　①のシャンピニオンを加え、水分がなくなるまで炒める。
❺　白ワインを加えて炒め、塩、こしょうで味を調える。
❻　使う人数分だけ、生クリームと小さく刻んだトリュフを加えて温める。

**仕上げをする**
❶　温めたフィユタージュにトリュフ入りデュクセルを塗り伸ばす。
❷　ラルドをのせて皿に盛り、ジュをかける。
❸　トリュフの薄切りをのせ、黒トリュフのピュレを流し、フルール・ド・セルとこしょうをふる。

# 鴨とフォアグラのソーシソン
# りんごと根セロリのサラダ　りんごのクーリー

## 材料　7本分

| | |
|---|---|
| 鴨腿肉 | 4本 |
| 鴨胸肉 | 4枚 |
| 豚バラ肉 | 200g |
| 鴨のフォアグラ | 440g |
| 豚の背脂 | 120g |
| エシャロット(みじん切り) | 60g |
| 鶏白レバー | 280g |
| 牛乳 | 適量 |
| マリネ用 | |
| 　トリュフジュース | 50g |
| 　トリュフ(みじん切り) | 適量 |
| 　コニャック(VSOP) | 15g |
| 　マデラ酒 | 30g |
| 　ソーテルヌ(または白ポルト酒) | 35g |
| 　タイム | 適量 |
| 　コリアンダーパウダー | 2g |
| 　塩 | 24g |
| 　白こしょう | 3g |
| 　にんにく(みじん切り) | 5g |
| グラス・ド・ヴィアンド | 30g |
| ピスターシュ(皮むき) | 70g |
| りんごのクーリー(40人分) | |
| 　紅玉 | 200g |
| 　グラニュー糖 | 50g |
| 　水 | 50g |
| 　塩 | 2g |
| 　レモン汁 | 20g |
| 根セロリ | 1人分30g |
| 塩 | 少々 |
| ヴィネグレット・ソース(167ページ参照) | 適量 |
| りんご | 適量 |
| セロリの葉 | 少々 |

＊グラス・ド・ヴィアンドは、フォン・ド・ヴォー(206ページ参照)を煮詰めて濃縮したもの。

## 作り方

### ソーシソンの材料をマリネする

❶ 鴨腿肉は骨、皮、筋、脂を取り除く。

❷ 鴨胸肉は皮、筋、脂を取り除き、2.5cm角に切る。腿肉、胸肉を合わせて正味880gを使用する。

❸ 豚バラ肉は3cm角に切る。

❹ フォアグラは1粒が10g程度の角切りにする。

❺ 背脂は1cm角に切り、軽くソテーし、エシャロット、塩少々(マリネ用の24gから使用)を加え、しんなりしたら火からおろしてさます。

❻ 鶏白レバーは筋、血管を掃除し、牛乳に浸けて血抜きする。よく水分を拭き取る。

❼ ①から⑥の材料を種類ごとに分けてバットに並べる。

❽ トリュフのジュースを全体にふる。

❾ トリュフのみじん切りをフォアグラにふる。

❿ コニャックはフォアグラと白レバーにふる。

⓫ マデラ酒は鴨腿肉、鴨胸肉、豚バラ肉にふる。

⓬ ソーテルヌはフォアグラと白レバーにふる。

⓭ タイムの葉はフォアグラと白レバー以外にふる。

⓮ コリアンダーパウダーを鴨腿肉、鴨胸肉、白レバーにふり、塩、白こしょうを全体にふる。

⓯ にんにくを背脂以外にふる。

⓰ 冷蔵庫で一晩マリネする。

### ソーシソンを作る

❶ 白レバーをロボクープでペースト状になるまでまわす。

❷ 鴨腿肉と豚バラ肉を粗挽きにする。

❸ ①と②をボウルに入れて、粘りが出るまで練り合わせる。

❹ 鴨胸肉、背脂、温めて溶かしたグラス・ド・ヴィアンドを加え、よく合わせる。

❺ 7等分し、それぞれ広げたラップの上に広げてフォアグラとピスターシュを断面がきれいになるよう配列する。

❻ ソーセージ状に丸めて巻いて、片方を糸で縛って止める。もう一方はあけたまま真空機にかけて空気を抜く。

❼ 片側も糸で縛り、このまま冷蔵庫で一晩休ませる。

❽ 75℃のスチームコンベクションで5分、65℃に落として20分加熱する。

❾ 常温でさまし、冷蔵庫で冷やす。

### 仕上げをする

❶ 紅玉は芯を取り、皮つきのままざく切りにして、レモン汁以外の材料と一緒に10分ほど炊く。

❷ ミキサーでまわし、レモン汁を加える。裏漉してなめらかなクーリーに仕上げる。

❸ 根セロリは太めのせん切りにし、塩をしてしばらくおき、しんなりしたらヴィネグレット・ソースであえる。

❹ りんごも太めのせん切りにする。

❺ ソーシソンを1枚25〜30gに切り分ける。1人分につき3枚を皿に並べ、りんごのクーリーを散らす。

❻ 根セロリのサラダを盛り合わせて上にりんごをのせ、セロリの葉を飾る。

# 魚沼産八色椎茸のタルト
# ラルドの薄いヴェールで覆って

## 材料　4人分

**デュクセル（15人分）**
- シャンピニオン …………… 200g
- バター ……………………… 適量
- エシャロット（みじん切り）… 30g
- にんにく（みじん切り）…… 4g
- 生ハム（またはパンチェッタ、みじん切り）… 50g
- 戻した干し椎茸（みじん切り）… 50g
- 椎茸の戻し汁 ……………… 全量
- 白ワイン …………………… 40g
- 塩、黒こしょう ………… 各適量
- 38％生クリーム …………… 適量
- イタリアンパセリ（粗く刻む）… 適量

**椎茸のヴィネグレット**
- 干し椎茸の粉 ……………… 5g
- 湯 …………………………… 35g
- ヴィネグレット・ソース（167ページ参照）… 30g
- 塩、黒こしょう ………… 各適量
- くるみ油 …………………… 5g

**セルバチコのピュレ**
- セルバチコ ………………… 50g
- 塩 …………………………… 少々
- エクストラ・バージン・オリーブオイル …… 10g

- 肉厚の椎茸 ………………… 4個
- サラダ油 …………………… 適量
- バター ……………………… 適量
- 塩、黒こしょう ………… 各適量
- フィユタージュ（焼いたもの、6cm×7cmの長方形）… 4枚
- ラルド（薄切り）………… 4枚
- イタリアンパセリ ………… 適量
- 水菜 ………………………… 16枚
- ヴィネグレット・ソース（167ページ参照）………… 適量

＊干し椎茸は、少なめの水で一晩戻しておく。

## 作り方

### デュクセルを作る

❶ シャンピニオンを4等分の櫛切りにしてバターで香ばしくソテーし、風味と旨みを凝縮させ、粗みじん切りにする。

❷ 鍋にバター30gを溶かし、エシャロット、にんにくを炒める。

❸ しんなりしたら生ハム、椎茸、①を加え、水分がなくなって香ばしさが出るまでしっかり炒める。

❹ 椎茸の戻し汁、白ワインを加えて水分がなくなるまで煮詰め、塩、こしょうで味を調える。

❺ 仕上げ時に1人分30gを小鍋に取って温め、生クリームとイタリアンパセリ各少々を混ぜ合わせる。

### 椎茸のヴィネグレットを作る

❶ 干し椎茸の粉は、ミルサーで細かいパウダー状にしたものを用意し、湯を注いで戻す。

❷ ヴィネグレット・ソースと合わせて塩、こしょうで味を調え、くるみ油を混ぜ込む。

### セルバチコのピュレを作る

❶ セルバチコの葉を塩ゆでし、少量のゆで汁と一緒にミキサーにかけてピュレにする。

❷ オリーブオイルを混ぜ合わせる。

### タルトを作り、仕上げをする

❶ 椎茸を8mmにスライスする。

❷ プランチャ（またはフライパン）にサラダ油を敷いて椎茸を並べ、バターを加えて両面を香ばしく焼く。塩のみで調味する。

❸ 温めたフィユタージュにデュクセルを広げ、その上に椎茸をきれいに並べる。

❹ イタリアンパセリの葉を張りつけたラルドで覆い、黒こしょうを挽きかけて皿に盛る。

❺ 椎茸のヴィネグレットとセルバチコのピュレをまわりに流し、ヴィネグレット・ソースであえた水菜をあしらう。

## スズキのエスカロップをムール貝と共にマリニエール仕立てで

### 材料　4人分

**ムール貝のジュ**
（出来上がりは600g）
- ムール貝 ……………… 1.4kg
- エシャロット（薄切り）…… 50g
- パセリの茎 ……………… 適量
- 白ワイン ……………… 500mℓ

**トマト・フォンデュ**
- トマト ………………… 2個
- にんにく ……………… 1片

**マリニエール・ソースのベース**
- フュメ・ド・ポワソン
 （下項参照、スズキのアラだけで作る）………… 250g
- ムール貝のジュ ………… 50g
- トマト・フォンデュ …… 75g
- バジルの茎 …………… 適量

**マリニエール・ソース**
- マリニエール・ソースのベース ‥ 100g
- ブール・バチュ ………… 20g
- サフラン ……………… 少々
- エクストラ・バージン・オリーブオイル … 15g
- タイムの葉 …………… ½本分
- シブレット（小口切り）… 小さじ1
- イタリアンパセリ（粗く刻む）‥ 小さじ2
- 塩、白こしょう ……… 各適量
- スズキ ………………… 4切れ
- 塩、白こしょう ……… 各適量
- エクストラ・バージン・オリーブオイル … 少々
- ムール貝のむき身 ……… 28個
- セロリのせん切り、セロリの葉のせん切り …… 各適量

＊ブール・バチュは、わかした湯に少量のレモン汁を入れ、バターを加えてつなぎ、乳化させたもの。バター3に対して水1の割合で作る。

### 作り方

**ムール貝のジュを作り、むき身を用意する**

❶ ムール貝は殻の汚れ、ヒゲを取り除き、きれいに洗う。
❷ 熱した鍋に①、エシャロット、パセリの茎を入れて白ワインを注ぐ。
❸ 蓋をして、殻が開き、ムール貝にちょうどよくしっとりと火が入るまで蒸し煮する。
❹ 火を止めて殻から身をはずし、ジュは紙漉しをする。

**トマト・フォンデュを作る**

❶ トマトは皮を湯むきして種子を取り除き、1cm角に切る。
❷ 鍋に入れ、半割にしたにんにくを加え、水分がなくなるまで煮詰める。

**マリニエール・ソースのベースを作り、ソースを仕上げる**

❶ マリニエール・ソースのベースの材料を合わせ、200gになるまで煮詰める。
❷ ①のベース100gを沸騰させ、ブール・バチュとサフランを加える。
❸ オリーブオイルと香草を混ぜ合わせ、塩、こしょうで味を調える。

**仕上げをする**

❶ スズキは1切れが60gに削ぎ切りする。塩、こしょうをし、オリーブオイルをかける。
❷ 鉄板にのせてサラマンドルで焼く。片面に火が入ったら引っくり返し、両面をしっとり火を入れる。
❸ ムール貝のむき身はマリニエール・ソースのベースの中で温める。
❹ 皿にスズキとムール貝を盛ってソースを流し、スズキにセロリとセロリの葉を飾る。

---

### ❈ フュメ・ド・ポワソン ❈

もっとも基本的な魚の出汁。料理に使う魚のアラだけで作る。一般的にアラは炒めてから煮込むが、クリアな出汁にするため、炒めずに煮込む。野菜はしっかりと炒め、旨みを最大限に引き出す。

**材料**　（出来上がりは800g）
- 魚のアラ ……………… 2kg
- ピュア・オリーブオイル …… 適量
- にんにく ……………… 1株
- エシャロット（薄切り）…… 50g
- 玉ねぎ（薄切り）……… 150g
- ポワロー（薄切り）…… 100g
- セロリ（薄切り）……… 50g
- シャンピニョン（薄切り）‥ 100g
- 白ワイン ……………… 400g
- 水 ……………………… 1.8ℓ
- パセリの茎、ローリエ、タイム、白粒こしょう、岩塩 …… 各少々

**作り方**

❶ 魚のアラは沸騰した湯にくぐらせて、ザルに上げる。流水で汚れを洗い流し、血合いなどを取り除く。
❷ オリーブオイルで半割にしたにんにく、野菜類を炒める。
❸ しんなりとしたら白ワインを加え、半量に煮詰める。
❹ 水を加え、沸騰したらアラを加える。
❺ アクをすくい、残りの材料を加えて30分煮込む。
❻ シノワで漉す。

**クレーム・シャンピニオンを作る**
❶　ジュ・シャンピニオンをとる。バターでエシャロットをしんなりと炒め、シャンピニオンを加えて炒め合わせる。
❷　水分が出てきたらブイヨン・ド・ヴォライユを加え、蓋をして15分炊く。
❸　シノワで上から押して漉し取る。これがジュ・シャンピニオン。
❹　クレーム・シャンピニオンを作る。ジュ・シャンピニオンにレシチンを加え、バーミックスで攪拌する。
❺　牛乳と生クリームを加えて沸騰させる。
❻　バターを溶かし込み、バーミックスで攪拌して泡状にする。
❼　塩、こしょうで味を調え、最後にヴァン・ジョーヌで香りづけをする。

**付け合わせを作る**
❶　モリーユのソテーを作る。モリーユは洗って砂などを掃除する。
❷　鍋にバターを溶かし、モリーユを入れて蓋をして火を入れる。
❸　水分が出たらモリーユだけを取り出し、水分を煮詰めてモリーユを戻す。
❹　エシャロットを加えて温め、セルフィユをあえて塩、こしょうする。
❺　アスペルジュ・ソバージュは塩ゆでし、バターであえる。
❻　春キャベツは一口大に切り、さっと塩ゆでしてザルに上げる。水にはさらさない。
❼　鍋に❻とブイヨン、バターを入れて温める。

**仕上げをする**
❶　ホロホロ鳥をオーブンで温め直し、プランチャ（またはフライパン）で皮をカリッと焼く。1枚を4等分する。
❷　皿にホロホロ鳥と春キャベツ、モリーユ、アスペルジュ・ソバージュを盛り合わせ、ホロホロ鳥のジュを流してクレーム・シャンピニオンの泡をのせる。

## 岩手石黒農場ホロホロ鳥胸肉をファルスと共にロースト モリーユ茸をヴァン・ジョーヌの香りで

### 材料　4人分

**シャンピニオン・デュクセル**
- シャンピニオン　300g
- サラダ油　適宜
- バター　30g
- エシャロット（みじん切り）　45g
- 白ワイン　35g
- 塩、白こしょう　各適量
- ホロホロ鳥の胸肉　1枚(150g)
- 塩　適量

**ファルス**
- 鶏胸の挽肉　90g
- 塩　1g
- 35％生クリーム　15g
- シャンピニオン・デュクセル　45g
- エストラゴン（みじん切り）　1g
- イタリアンパセリ（みじん切り）　1g
- ごく細かいパン粉　適量
- サラダ油　適量

**ジュ・シャンピニオン**
（出来上がりは700g）
- エシャロット（みじん切り）　100g
- バター　100g
- シャンピニオン（薄切り）　1kg
- ブイヨン・ド・ヴォライユ（205ページ参照）　500g

**クレーム・シャンピニオン**
- ジュ・シャンピニオン　200g
- レシチン　3g
- 牛乳　100g
- 42％生クリーム　50g
- バター　30g
- 塩、白こしょう　各適量
- ヴァン・ジョーヌ　適量

**モリーユのソテー**
- モリーユ　16個
- バター　適量
- バターで炒めたエシャロットのみじん切り　20g
- セルフィユ（粗く刻む）　適量
- 塩、白こしょう　各適量
- アスペルジュ・ソバージュ　20本
- バター　適量
- 春キャベツ　6枚
- ブイヨン・ド・ヴォライユ（205ページ参照）　少々
- ホロホロ鳥のジュ（206ページの「ジュ・ド・ヴォライユ」参照）　適量

### 作り方

**シャンピニオン・デュクセルを作る**

❶　シャンピニオンを4つ割りにしてサラダ油で香ばしくソテーし、フードカッターでみじん切りにする。

❷　エシャロットをバターでしんなりと炒め、①を加えてさらに炒め合わせる。

❸　白ワインを加えて煮詰め、塩、こしょうする。

**胸肉にファルスをのせてローストする**

❶　ホロホロ鳥の胸肉は、筋を取って塩をふる。

❷　鶏胸の挽肉をボウルに入れ、底を氷水に当てて冷やし、塩を加えてよく練り、粘りを出す。

❸　生クリームを加え、よく練ってムース状にする。

❹　残りの材料を混ぜ合わせる。

❺　胸肉の肉の側にファルスを塗り、パン粉をまぶす。

❻　プランチャ（またはフライパン）の中温にサラダ油を敷き、ファルスの側から、動かしながらゆっくりやさしく焼き固める。

❼　引っくり返して皮面をカリカリに香ばしく焼く。

❽　バットにアルミホイルで作った枕をのせ、その上に⑦を置いて190℃のオーブンで2、3回出し入れを繰り返しながら、しっとりと中心まで火を入れる。

### 茸のフリカッセを作る
❶ セップは石突きを落とし、ぬれ布巾で汚れを落とし、縦半分に切る。ジロールはよく洗う。トランペットは石突きを落とし、よく水洗いする。
❷ セップはサラダ油を敷いたプランチャ（またはフライパン）でソテーし、色がつきはじめたら塩をふり、バターを加えて香りをつける。
❸ 鍋にバターを溶かし、ジロールを炒める。ブイヨンと塩を加えて蓋をし、火を入れる。
❹ トランペットもジロールと同様にするが、汁がたくさん出て砂がたまるので、鍋を傾けて汁を片側にためながらトランペットをいったん引き上げ、煮汁を漉して砂を除去して鍋に戻し、トランペットを戻して味を含ませる。
❺ フライパンにバター20gを溶かし、にんにくを炒めて香りを出す。
❻ セップ、ジロール、トランペットを加えて混ぜ合わせ、塩、こしょうする。
❼ エシャロットを加えてさっと炒め、イタリアンパセリをあえる。

### 和栗のチップを作り、銀杏を炒める
❶ 和栗は渋皮までむき、スライサーで薄く切る。
❷ 沸騰した湯にさっと通し、水気を切る。
❸ 150℃のサラダ油で色づけないようにカリカリになるよう揚げる。油をよく切って塩をふる。
❹ 銀杏は殻を割って実を取り出し、サラダ油で炒めて塩をふる。

### 栗のグラッセを作る
❶ 鍋にバターを溶かし、むき栗を転がしながら炒め、蜂蜜を加えてまわりをコーティングする。
❷ ブイヨン、セロリの茎を加え、塩、こしょうをふり、水分がなくなるまでコトコト炊く。
❸ グラッセ状まで煮詰まったら出来上がり。

### ポワヴラードソースを作り、仕上げる
❶ ソースベースをわかし、火からはずしてブール・オ・サンを加えて徐々につなぐ。
❷ 味を見て酸味が足りない場合は煮詰めた赤ワインを加え、塩、こしょうで味を調える。
❸ バターを加えて溶かし込む。
❹ 蝦夷鹿肉に塩、こしょうをし、サラダ油を敷いたプランチャ（またはフライパン）で焼いてロゼに仕上げる。
❺ 皿にソースを敷いて肉をのせ、茸のフリカッセ、栗のグラッセ、銀杏、和栗のチップを添えてシブレットを飾る。

# 蝦夷鹿のポワレをポワヴラードソースで 栗、銀杏、茸のフリカッセを添えて

## 材料 4人分

**ソースベース**（出来上がりは1.8ℓ）
- 鹿の骨 …………… 6kg
- サラダ油 ………… 適量
- 赤ワイン ………… 6本
- フォン・ド・ヴォー（206ページ参照） … 1.5kg
- ブイヨン・ド・ヴォライユ（205ページ参照） … 2kg
- 水 ………………… 適量
- ねずの実 ………… 20粒
- ローリエ ………… 1枚
- にんにく ………… 2株
- にんじん ………… 500g
- 玉ねぎ …………… 800g
- セロリ …………… 150g
- グラニュー糖 …… 100g
- 赤ワインヴィネガー … 200g
- 黒粒こしょう（粗く砕く） … 30g

**ブール・オ・サン**
- 豚血 ……………… 250g
- バター …………… 450g

**茸のフリカッセ**
- セップ …………… 小1本
- ジロール ………… 80g
- トランペット … 火を入れた状態で25g
- サラダ油 ………… 適量
- バター …………… 適量
- ブイヨン・ド・ヴォライユ（205ページ参照） … 適量
- にんにく（みじん切り） … 少々
- 塩、白こしょう … 各適量
- エシャロット（みじん切り） … 15g
- イタリアンパセリ（粗く刻む） … 少々

**和栗のチップ**
- 和栗 ……………… 2〜3個
- サラダ油 ………… 適量
- 塩 ………………… 少々
- 銀杏 ……………… 8個
- サラダ油 ………… 適量

**栗のグラッセ**
- フランス産むき栗 … 300g
- バター …………… 50g
- 栗の蜂蜜 ………… 30g
- ブイヨン・ド・ヴォライユ（205ページ参照） … 80g
- セロリの茎 ……… 30g
- 塩、白こしょう … 各適量

**ポワヴラードソース**
- ソースベース …… 150g
- ブール・オ・サン … 15g
- 煮詰めた赤ワイン … 適量
- 塩、黒こしょう … 各適量
- バター …………… 10〜20g
- 蝦夷鹿肉 ………… 300g
- 塩、黒こしょう … 各適量
- シブレット ……… 少々

## ソースベースを作る

❶ 天板に鹿骨を広げてサラダ油をかけ、240℃のオーブンで全体に焼き色をつけて水分を抜く。

❷ 骨から焦げた肉の部分などを取り除き、容器に入れて赤ワインを注ぎ、一晩マリネする。

❸ 赤ワインごと骨を鍋に入れ、フォン・ド・ウォー、ブイヨン・ド・ヴォライユ、骨がかぶる量の水を加えて火にかける。

❹ 沸騰したらアクと脂をすくい、ねずの実とローリエを加え、アクをすくいながら5〜6時間炊く。

❺ 半割にしたにんにく、3cm角に切ったにんじん、玉ねぎ、セロリはサラダ油でソテーし、炊きはじめて1時間くらいしてアクが出てこなくなった頃に加える。

❻ 砂糖をキャラメリゼして黒粒こしょうを加え、香りを立たせて赤ワインヴィネガーで溶かし混ぜてガストリックを作り、炊いている途中に加える。

❼ シノワで漉し、アクと脂を取りながら煮詰め、味を見て必要ならガストリック、ジュニエーヴルを加えて調節する。

## ブール・オ・サンを作る

❶ 豚血は鮮度がよいものを用意し、バターとよく混ぜ合わせる。

❷ 棒状に丸めてラップで密閉し、冷凍庫で保存する。

# トウモロコシのエスプーマと海水雲丹を
# コンソメジュレに浮かべて

**材料　4人分**

**トウモロコシのベース**
- ゴールドラッシュまたは未来 ……………… 8本（正味1kg）
- 水 ……………………………… 1kg
- ブイヨン・ド・ヴォライユ（205ページ参照）……… 1kg
- バター ……………………… 80g
- エクストラ・バージン・オリーブオイル …………… 80g
- 塩 …………………………… 10g

**トウモロコシのエスプーマ**
- トウモロコシのベース ……… 300g
- 35％生クリーム ……………… 80g

- チキンコンソメ（下項参照）………………………… 240g
- 海水雲丹 …………………… 100g
- 焼きトウモロコシ、ポップコーン ………………………… 各適宜

**作り方**

**トウモロコシのエスプーマを準備する**

❶ トウモロコシは皮をむき、種子を包丁で切り落とす。

❷ 芯を適当な筒切りにして、水とブイヨンで1時間炊く。

❸ バターとオリーブオイルでトウモロコシの種子を炒め、しんなりしたら②のブイヨンを加えて塩をして15分炊く。

❹ ミキサーでまわしてピュレにする。これがベース。

❺ ベースと生クリームを合わせ、エスプーマのサイフォンに入れ、亜酸化窒素ガスを充填し、冷蔵庫で冷やしておく。

**仕上げをする**

❶ 器にチキンコンソメを流して冷やし固める。

❷ 雲丹をのせ、エスプーマを絞る。

❸ バーナーで焼いたトウモロコシとポップコーンを散らす。

---

## ❈ チキンコンソメ ❈

ブイヨン・ド・ヴォライユをベースに、鶏挽肉でとったコンソメ。ジュレにするときは、固さを見て必要だったら適量のゼラチンを加える。

**材料　出来上がりは6ℓ**
- 鶏挽肉 ……………………… 3kg
- 玉ねぎ …………………… 700g
- にんじん ………………… 360g
- セロリ …………………… 150g
- 白粒こしょう ……………… 適量
- 卵白 ……………………… 450g
- ブイヨン・ド・ヴォライユ（205ページ参照）……… 10ℓ
- 焦がし玉ねぎ …………… 350g
- ブーケ・ガルニ …………… 1束

＊焦がし玉ねぎは、輪切りにした玉ねぎをアルミホイルを敷いたプランチャ（またはフライパン）で焼き、焦がしたもの。コンソメの色づけ用に加える。

**作り方**

❶ ボウルで鶏挽肉とみじん切りにした玉ねぎ、にんじん、セロリ、白粒こしょうを混ぜ合わせる。卵白を加え、よく練り合わせる。

❷ ブイヨン・ド・ヴォライユを沸騰させ、一部を①に加えてなじませてから熱いフォンに加え、混ぜ合わせる。

❸ 中火にかける。

❹ 挽肉が表面に浮いて固まったらレードルで穴をあけて、そこから焦がし玉ねぎとブーケ・ガルニを落とし入れる。

❺ 静かにふつふつとわいている火加減で3〜4時間煮込む。

❻ レードルですくって布で漉し、さらに表面に浮いた脂分を取り除く。

# ホタル烏賊のコンフィーにそら豆の軽いムースと
## アンチョビソースを添えて

**材料　4人分**

ボイルホタル烏賊 …………… 20杯
スパイスオイル
　バージン・オリーブオイル …… 100g
　サラダ油 …………………… 100g
　タイム ……………………… 1枝
　ローリエ …………………… 小2枚
　コリアンダーシード ………… 6g
　にんにく（薄切り）………… 10g
　八角 ………………………… 4g
　鷹の爪 ……………………… 1本
　白粒こしょう ……………… 4g
そら豆のエスプーマ
　そら豆 ……………………… 300g
　グリーンピース …………… 100g
　ブイヨン・ド・ヴォライユ
　（205ページ参照）…… 300g
　塩 …………………………… 7g
　グラニュー糖 ……………… 3g
　板ゼラチン ………………… 2g
　35％生クリーム …………… 150g
アンチョビソース
　アンチョビ ………………… 20g
　にんにくピュレ（155ページ参照）
　……………………………… 60g
そら豆、グリーンピース ……… 各適量
レモンフレーバー・オリーブオイル
　……………………………… 適量
菜花 …………………………… 8本
塩分1.4％の昆布塩水
　（205ページ参照）……… 適量

**作り方**

**ホタル烏賊を
スパイスオイルで加熱する**

❶　鍋にスパイスオイルの材料全部を入れ、弱火にかける。にんにくが色づきはじめたら火からはずし、さます。
❷　ホタル烏賊の目、くちばし、軟骨を取り除き、漉したスパイスオイルとともに鍋に入れ、弱火にかける。
❸　徐々に火を入れて中まで温め、60℃にまで上がったら火からはずし、そのままさます。

**そら豆のエスプーマを準備する**

❶　そら豆、グリーンピースは莢から出し、塩ゆでして水気を切り、薄皮をむいて芽をはずす。
❷　ブイヨン・ド・ヴォライユをわかし、①と塩、グラニュー糖を加え、アクをすくいながら柔らかくなるまで炊く。
❸　ボウルに移し、氷水に当ててさます。
❹　パコジェットのビーカーに入れて一晩凍らせ、粉砕する。
❺　細かい漉し網で漉す。
❻　⑤の一部を取って温め、戻したゼラチンを溶かし込み、⑤に混ぜ合わせる。
❼　さめたら生クリームを混ぜ合わせ、エスプーマのサイフォンに入れて亜酸化窒素ガスを充填する。

**アンチョビソースを作って仕上げる**

❶　刻んだアンチョビとにんにくピュレをフードカッターで攪拌し、細かい網で漉す。
❷　そら豆、グリーンピースは莢から出し、塩ゆでして水気を切り、薄皮をむいて芽をはずす。レモンフレーバー・オリーブオイルをからめる。
❸　菜花は塩ゆでし、引き上げたら昆布塩水に落とし、水気を切る。
❹　皿にホタル烏賊をのせ、そら豆のエスプーマを3か所に絞り、②と③を盛り込む。
❺　アンチョビソースとレモンフレーバー・オリーブオイルを流し、菜花の花びらをあしらう。

## 甘海老のタルタルを蕪に挟んでラヴィオリに 春菊のクーリーソースで

### 材料　6人分

**蕪の昆布塩水漬け**
- 蕪（薄切り） ……………… 36枚
- 塩分1.8％の昆布塩水
  （205ページ参照） ……… 適量
- エクストラ・バージン・オリーブオイル … 適量
- ライム果汁 ………………… 適量

**春菊のクーリーソース**
- 春菊のピュレ ……………… 50g
- エクストラ・バージン・オリーブオイル … 5g
- 甘海老 ……………………… 200g
- 活帆立貝柱 ………………… 100g
- 玉ねぎ（みじん切り、水でさらす） …… 20g
- グリーンペッパー
  （塩水漬け、細かく刻む） …… 2g
- エクストラ・バージン・オリーブオイル … 15g
- 塩、ライム果汁 …………… 各適量
- マスタードスプラウト …… 少々
- ライムの皮 ………………… 少々

### 作り方

**蕪を準備する**
1. 蕪を昆布塩水に1時間漬け込む。
2. 枚数の半分を直径5cmの抜き型で、残りを直径6cmの抜き型で丸く抜く。
3. 表面にオリーブオイル、ライム果汁の順番で塗る。

**春菊のクーリーソースを作る**
1. 春菊は茎を除き、塩ゆでする。あとでクーリーに塩を加える必要がないくらい、塩は強めにする。
2. 軽く水気を絞り、熱いうちにミキサーでまわしてピュレにする。まわりづらい場合は、ゆで汁を加える。
3. 適量のゆで汁、オリーブオイルを混ぜ合わせ、裏漉しをして冷やしておく。

**タルタルを作って仕上げる**
1. 甘海老は殻をむく。むいた状態で200gを使用する。
2. 帆立の貝柱は殻からはずし、正味で100gを使用する。
3. 甘海老と貝柱を5mm角に刻み、玉ねぎ、グリーンペッパーとあえ、オリーブオイルをからめて塩とライム果汁で味を調える。
4. 皿に直径5cmの蕪スライスを並べてタルタルを盛り、直径6cmの蕪スライスで挟む。
5. 蕪の上にマスタードスプラウトをのせ、春菊のクーリーソースを流す。
6. ライムの皮をおろしかける。

## 車海老のポッシェ　オレンジ風味のにんじんと燻製クリームを添えて

### 材料　4人分

**にんじんのクリュディテ**
- にんじん …………………… 180g
- 塩 …………………………… 適量
- オレンジのレディクション … 20g
- エクストラ・バージン・オリーブオイル … 20g
- コリアンダーシード ……… 少々
- ライム汁 …………………… 10g
- パクチー …………………… 適量

**にんじんとオレンジのエキューム**
- 雪下にんじんジュース …… 150g
- オレンジジュース ………… 150g
- レモン汁 …………………… 10g
- 塩 …………………………… 2g
- レシチン …………………… 2g
- 車海老 ……………………… 大4尾
- 燻製クリーム ……………… 40g
- オレンジのレディクション … 20g
- ライムの皮、パクチー …… 各少々

### 作り方

**クリュディテとエキュームを作る**
1. にんじんをマンドリーヌでせん切りにし、塩を軽く当ててしんなりさせる。
2. 水気を拭き取り、オレンジのレディクション、オリーブオイル、挽いたコリアンダーシード、ライム汁、刻んだパクチーをあえる。
3. エキュームを作る。雪下にんじんは皮をむいてジューサーでジュースを絞り、残りの材料と合わせてバーミックスで泡立てて軽い泡を作る。

**車海老をゆでて仕上げる**
1. 車海老は背わたを取り、竹串を刺して2分間塩ゆでして、殻をむいて皿に盛る。
2. 軽く泡立てた燻製クリームとオレンジのレディクションを流し、クリュディテを添える。
3. エキュームをのせ、ライムの皮をおろしかけ、パクチーを飾る。

*オレンジのレディクションは、オレンジジュースを10％量になるまで煮詰めたもの。
*燻製クリームは、生クリームを氷に当てたボウルに入れ、ときどきかき混ぜながら、桜のチップで約90分冷燻して作る。

## 桜カジキの燻製と根菜のサラダを重ねて ビーツのヴィネグレットで

**材料　4人分**

マカジキの燻製
　マカジキ ……………………… 700g
　セル・コンポゼ（下項参照）…… 150g
　桜のスモークウッド ………… 適量
　紅芯大根（薄切り）………… 8枚
　紅くるり大根（薄切り）…… 8枚
　蕪（薄切り）………………… 8枚
　黄蕪（薄切り）……………… 8枚
　ビーツ（薄切り）…………… 8枚
　黄ビーツ（薄切り）………… 8枚
　縞ビーツ（薄切り）………… 8枚
　コールラビ（薄切り）……… 8枚
　塩分1.8％の昆布塩水
　　（205ページ参照）……… 適量
ビーツのヴィネグレット・ソース
　ビーツ（塩ゆでしたもの）…… 30g
　シャルドネヴィネガー ……… 15g
　エクストラ・バージン・
　　オリーブオイル…………… 40g
　粒マスタード ……………… 5g
　塩 …………………………… 適量
わさび菜 ……………………… 8枚
エクストラ・バージン・
　オリーブオイル …………… 適量
レモン汁 ……………………… 適量
塩 ……………………………… 適量

**作り方**

**マカジキの燻製を作る**

❶　マカジキは700gのかたまりで調理する。この分量で10〜11人分とれる。皮と血合を取り除き、セル・コンポゼと一緒にビニール袋に入れて密閉し、ときどき転がしながら冷蔵庫で12時間マリネし、しっかりと中まで塩を入れる。

❷　塩を洗い流し、水気を拭く。

❸　蒸し器の下段でスモークウッドを燻す。中段には氷をボウルかバットに入れて置き、上段にマカジキをのせて蓋をし、蓋の上に保冷剤を置いた状態で2時間スモークする。

❹　真空パックにかけて2、3日冷蔵庫で寝かせ、味をなじませてから使用する。

**野菜の準備をする**

❶　薄切りの野菜はすべて昆布塩水に1時間漬け込む。色が出るビーツなどは単独で、そうでない種類は一緒に漬け込んでよい。

❷　水気を切っておく。

**ビーツのヴィネグレットを作る**

❶　ビーツは皮つきのまま丸ごと塩ゆでし、皮をむいて5mm角に刻んだものを使用する。

❷　ビーツとシャルドネヴィネガー、オリーブオイル、粒マスタードを混ぜ合わせ、塩で味を調える。

**仕上げをする**

❶　マカジキは1枚20gにスライスし、1人分に3枚使用する。

❷　薄切りの野菜とわさび菜にオリーブオイルとレモン汁、塩をふって味を調える。

❸　マカジキで薄切りの野菜を彩りよく挟み、わさび菜を飾ってまわりにビーツのヴィネグレットを流す。

---

### ❋ セル・コンポゼ ❋

魚介マリネ用の混合塩。グラニュー糖を使うが、塩分を浸透させることが目的で、甘味はまったく残らない。

**材料**

セル・グリ（ゲランド産海塩）…… 1kg
グラニュー糖 ………………… 500g
白粒こしょう（粗く砕いたもの）…… 40g
黒粒こしょう（粗く砕いたもの）…… 40g

**作り方**

材料をよく混ぜ合わせる。

# カリフラワーのガトーとズワイ蟹のアンサンブル オーロラソースで

## 材料　4人分

**カリフラワーのガトー**（21cm×21cmの正方形の型1台分、18個分）
- カリフラワー　　　　　300g
- 塩　　　　　　　　　　適量
- 牛乳　　　　　　　　　400g
- ブイヨン・ド・ヴォライユ（205ページ参照）　　400g
- セル・グリ（ゲランド産海塩）　6g
- カレー粉　　　　　　　0.5g
- バター　　　　　　　　25g
- 板ゼラチン　　　　　　12g
- 35％生クリーム　　　　120g

**マヨネーズ**
- 卵黄　　　　　　　　　1個
- ディジョンマスタード　3g
- 塩　　　　　　　　　　0.8g
- 白こしょう　　　　　　0.1g
- サラダ油　　　　　　　100g
- レモン汁　　　　　　　1g
- シードルヴィネガー　　2.5g

**オーロラソース**
- マヨネーズ　　　　　　100g
- 煮詰めたジュ・オマール　40g
- ケチャップ　　　　　　14g
- コニャック　　　　　　少々

- ズワイ蟹のほぐし身　　100g
- エクストラ・バージン・オリーブオイル　10g
- ラディッシュ　　　　　1個
- シブレット　　　　　　適量
- シブレット・オイル　　少々

＊煮詰めたジュ・オマールは、158ページ「ブルターニュ産オマール海老をソース・アメリケーヌで　ジロール茸のフリカッセをあしらって」の「ソース・アメリケーヌを作る」の⑩までを参照。
＊シブレット・オイルは、細かく刻んだシブレットとエクストラ・バージン・オリーブオイルを混ぜ合わせたもの。

## 作り方

### カリフラワーのガトーを作る

❶　カリフラワーは小房に分け、熱湯にひとくぐらせする程度に、さっと塩ゆでする。

❷　水気を切り、牛乳、ブイヨン・ド・ヴォライユ、セル・グリ、カレー粉とともに鍋に入れ、蓋をして15分炊く。

❸　ザルに上げて、カリフラワーとゆで汁に分ける。

❹　カリフラワーとゆで汁240gをミキサーにかけてピュレ状にし、バターと戻したゼラチンを加えて溶かし込む。味見して必要なら塩で調える。

❺　シノワで漉してボウルに入れ、氷水に当てて混ぜながら冷やす。とろっと固まりかけてきたら6分立てにした生クリームを混ぜ合わせる。

❻　エスプーマのサイフォンに入れ、亜酸化窒素ガスを充填し、型に500g絞り出して表面をならし、冷蔵庫で冷やし固める。

❼　9cm×2.5cmのガトー形18個に切り分ける。

### マヨネーズを作り、オーロラソースを仕上げる

❶　卵黄とマスタードを合わせ、塩、こしょうを加えて混ぜ合わせる。

❷　サラダ油を少しずつ加えて乳化させる。

❸　レモン汁とシードルヴィネガーを混ぜ合わせる。

❹　100gのマヨネーズと煮詰めたジュ・オマール、ケチャップ、コニャックを混ぜ合わせてオーロラソースに仕上げる。

### 仕上げをする

❶　ズワイ蟹のほぐし身をエクストラ・バージン・オリーブオイルであえる。

❷　カリフラワーのガトーに①をのせ、皿に盛り、細切りのラディッシュと2cm程度の長さに切ったシブレットを飾る。

❸　オーロラソースとシブレット・オイルを流す。

## 真鯖の軽い燻製をタプナード風味のなすと共に オリーブ入りのトマトジュレを添えて

### 材料 4人分
- 真鯖 …… 1尾
- セル・コンポゼ（179ページ参照）… 適量
- 桜のスモークウッド …… 適量
- レモンの塩漬け
  - レモン …… 4個
  - 塩 …… 100g
  - グラニュー糖 …… 20g
- トマトジュレ
  - トマトウォーター …… 80g
  - 塩、グラニュー糖 …… 適量
  - 板ゼラチン …… トマトウォーターの1.2～1.4％
  - グリーンオリーブ、黒オリーブ（5mm角に刻む）…… 8g
  - フヌイユ（5mm角に刻む）…… 24g
  - エクストラ・バージン・オリーブオイル …… 8g
- 長なす（薄切り）…… 12枚
- エクストラ・バージン・オリーブオイル …… 適量
- タプナード …… 適量
- アネットオイル
  - ディル …… 適量
  - エクストラ・バージン・オリーブオイル …… 適量
  - パセリオイル …… 適量
- 黒こしょう …… 各適量
- ラディッシュ（薄切り）、マイクロわさび菜 …… 各適量

＊アネットオイルの材料のパセリオイルは、エクストラ・バージン・オリーブオイルとパセリの葉をミキサーで撹拌して作る。

### 作り方

**真鯖をセル・コンポゼで締め、冷燻製にする**

❶ 真鯖を三枚におろし、セル・コンポゼを両面にまぶしつけ、冷蔵庫で4～6時間漬け込む。
❷ 水で洗って水気をよく拭き取る。
❸ 蒸し器の下段でスモークウッドを燻す。中段には氷をボウルかバットに入れて置き、上段に真鯖を並べて蓋をし、蓋の上に保冷剤をのせた状態で1時間スモークする。
❹ 腹骨と中骨を取り除き、薄皮をむく。
❺ プランチャ（またはフライパン）で皮側だけを香ばしく焼き、さましておく。

**レモンの塩漬けを準備する**

❶ レモンは縦に4つ割の切れ目を入れる。端まで切り落とさず、1か所でくっつけておく。
❷ 塩とグラニュー糖を混ぜて、切れ目の真ん中に入れる。
❸ 真空パックにかけて蒸し器で40分蒸し、そのままさます。こうすると果汁が皮に浸透して香りだけでなく酸味も楽しめるようになる。
❹ 皮をそぎ切りにして、小さな棒状に切る。

**トマトジュレを作る**

❶ まずトマトウォーターを作る。トマトの種子や切り落とした部分を集めて、蒸し器で約1時間蒸す。
❷ 布漉しをすると、透明な水分がとれる。味を見て必要なら塩、グラニュー糖を加えて味を決める。このトマトウォーターを4人分で80g使用する。
❸ 戻した板ゼラチンを溶かし込み、冷やし固める。
❹ 盛りつける前に2種のオリーブとフヌイユ、オリーブオイルを混ぜ合わせる。

**長なすを焼き、アネットオイルを作る**

❶ 長なすは皮をむいて縦に4mm厚さのスライスにする。
❷ オリーブオイルを敷いたプランチャ（またはフライパン）でソテーし、片面にタプナードを塗り、常温で置いておく。
❸ 細かく刻んだディルをオリーブオイルに混ぜ合わせ、パセリオイルを適宜加えて緑色を補強する。

**仕上げをする**

❶ 真鯖は削ぎ切りにする。1人分につき3枚使用。
❷ 皿にロール状に丸めた長なすを並べて上に真鯖をのせ、オリーブオイルをふり、黒こしょうを挽きかけ、レモンの皮をのせる。
❸ トマトジュレを添え、ラディッシュとマイクロわさび菜をのせ、アネットオイルを散らす。

# フォアグラのソテー
## 南高梅のコンフィチュールと梅干しのキャラメルソース

### 材料　1人分

**南高梅のコンフィチュール**
- 南高梅 …… 1kg
- 焼酎 …… 150g
- 氷砂糖 …… 800g
- 梅干しの赤紫蘇 …… 適量

**梅干しのキャラメル**
- グラニュー糖 …… 70g
- 南高梅シロップ …… 100g
- 梅干し漬け汁 …… 30g

**プラムのミ・セッシュ**
- プラム（櫛切り）…… 3切れ
- 粉糖 …… 少々

- 鴨のフォアグラ …… 60g
- 塩、白こしょう …… 各適量
- 強力粉 …… 適量
- サラダ油 …… 少々
- ジュ・ド・ヴォライユ（206ページ参照）…… 10g弱
- フルール・ド・セル、黒粒こしょう（粗く砕く）…… 各少々
- 赤紫蘇スプラウト …… 適量

### 作り方

**南高梅シロップを作り、コンフィチュールを仕上げる**

❶ 南高梅を洗い、乾かす。
❷ 焼酎を全体にからませ、氷砂糖とともに保存瓶に入れて、ときどきかき混ぜながら3週間漬け込む。
❸ 梅だけを取り出し、果肉が崩れるまで煮る。残った液体は、南高梅シロップとして使う。
❹ 果肉を裏漉して、刻んだ赤紫蘇を混ぜ合わせ味を調える。

**梅干しのキャラメルとプラムのミ・セッシュを作る**

❶ 鍋にグラニュー糖を入れてキャラメリゼし、南高梅シロップを加え、軽く煮詰める。
❷ 梅干しの漬け汁を加え、濃度が出たら火を止める。
❸ プラムに粉糖をふり、80℃のコンベクションオーブンで90分乾燥焼きする。

**仕上げをする**

❶ フォアグラに塩、こしょうをして粉をまぶす。
❷ 少量のサラダ油を敷いたプランチャ（またはフライパン）で表面に焼き色をつけ、余熱で中心まで温め、仕上げにもう一度、表面を焼き直して香ばしく仕上げる。
❸ 皿に②を盛ってジュ・ド・ヴォライユをかけ、フルール・ド・セルと黒粒こしょうをふる。
❹ コンフィチュールとキャラメル、プラムを添え、赤紫蘇スプラウトを飾る。

# 赤座海老のソテーとエマルジョンソース 柚子風味のカリフラワーのサラダを添えて

## 材料　4人分

**フォン・ド・ラングスティーヌ**
- 赤座海老の頭 …………… 280g
- にんにく ………………… 1片
- ピュア・オリーブオイル ……… 適量
- コニャック ……………… 15g
- 白ワイン ………………… 30g
- にんじん ………………… 50g
- セロリ …………………… 20g
- トマトペースト ………… 20g
- 水 ………………………… 適量
- ブイヨン・ド・ヴォライユ
  （205ページ参照）……… 少量
- エストラゴン …………… 適量
- パセリの茎 ……………… 適量
- 白粒こしょう …………… 少々

**エマルジョンソース**
- フォン・ド・ラングスティーヌ … 100g
- コーンスターチ ………… 10g
- 水 ………………………… 10g
- バター …………………… 10g
- コライユバター ………… 10g
- レモン汁 ………………… 5g
- セルフィユ ……………… 2g
- 塩 ………………………… 適量

**カリフラワーのクスクス**
- カリフラワーのつぼみの部分 … 30g
- エクストラ・バージン・
  オリーブオイル ………… 適量
- シブレット（小口切り）… 少々
- 塩 ………………………… 適量
- カリフラワー（薄切り）… 24枚
- エクストラ・バージン・
  オリーブオイル ………… 適量
- レモン汁 ………………… 適量
- 塩 ………………………… 適量
- 黄柚子の皮 ……………… 適量
- 赤座海老 ………………… 4尾
- ピュア・オリーブオイル ……… 適量

＊コライユバターは、オマールのコライユ（みそ）とバターを1対3の割合で混ぜ合わせたもの。

## 作り方

### フォン・ド・ラングスティーヌを用意する

❶ 赤座海老の頭から砂袋、えらを除き、細かく切り分ける。

❷ オリーブオイルで半割にしたにんにくを軽く炒め、①を加えて水分を飛ばしながら炒める。

❸ コニャック、白ワインを加え、しっかり煮詰める。

❹ 別鍋で5mm角に切ったにんじん、セロリを炒め、トマトペーストを加えてあえる。

❺ ③と④を合わせ、水とブイヨン、エストラゴン、パセリの茎、白粒こしょうを加え、20分炊く。

❻ シノワでしっかりと漉し、軽く煮詰める。

### エマルジョンソースを作る

❶ フォン・ド・ラングスティーヌを水溶きコーンスターチでつなぎ、バターとコライユバターを混ぜ込み、コライユに火を入れる。

❷ レモン汁、刻んだセルフィユを混ぜ合わせ、塩で味を調える。

### カリフラワーのクスクスとコポーを作る

❶ クスクスを作る。カリフラワーのつぼみの先をクスクスのように小さく切り取り、さっとゆがく。

❷ 水気を切り、オリーブオイルで軽く炒め、塩をしてシブレットを混ぜ合わせる。

❸ 薄切りのカリフラワーは冷水に落としてパリッとさせ、水気を切る。

❹ エクストラ・バージン・オリーブオイル、レモン汁、塩、すりおろした黄柚子の皮であえる。

### 赤座海老をソテーして仕上げる

❶ 赤座海老は頭を取り、尾の先だけ残して殻をむき、背わたを取る。

❷ 丸めて軽く塩をふり、オリーブオイルで表面だけを軽くソテーする。引っくり返したら、焼きすぎずにすぐに皿に盛りつける。

❸ 赤座海老にソースを流し、カリフラワーのクスクスとコポーを添える。鮮度のよい卵があれば水洗いし、塩をふってしばらく置き、上に添える。

## 天草地牡蠣のコンフィー ほうれん草、にんにくのピュレ チョリソをのせて

**材料　4人分**

牡蠣のコンフィー
- 牡蠣 …………………… 小20個
- 牡蠣の海水 ……………… 適量
- エクストラ・バージン・オリーブオイル ……… 100g
- バター ……………………… 50g
- にんにく ……………………… 2片
- チョリソの切れ端 ………… 適量

にんにくのピュレソース
- 牡蠣の煮汁 ………………… 20g
- にんにくピュレ（155ページ参照）… 40g
- バター ……………………… 20g

ほうれん草のピュレソース
- ほうれん草 ……………… 100g
- 牡蠣の煮汁 ………………… 40g
- バター ……………………… 20g

- チョリソ（せん切り） ……… 適量
- 赤軸水菜スプラウト ……… 少々

**作り方**

**牡蠣をコンフィーにする**

❶ 牡蠣は殻を開け、むき身にする。殻の中の海水はとっておく。
❷ むき身を海水で洗い、ついた殻などを取り除く。
❸ 紙で海水を漉し、鍋に入れて火にかける。
❹ 海水がぬるいうちにむき身を加え、60℃くらいまで温めたら引き上げ、水気を切って黒く固い部分をハサミで切り取る。牡蠣の煮汁はソースに使うので取り置く。
❺ 鍋にオリーブオイル、バター、にんにく、チョリソを入れ、10分くらい温めて香りを移す。
❻ むき身を加え、オイルが80℃以上にならないよう注意して火を通す。
❼ ぷっくりとして火が通ったらオイルから引き上げる。

**2種のピュレソースを作る**

❶ にんにくのピュレソースを作る。牡蠣の煮汁をひとわかししてアクをすくい、にんにくピュレを加え、バターを溶かし混ぜる。
❷ ほうれん草は塩ゆでし、熱いうちにゆで汁少々とともにミキサーにかけてピュレにする。
❸ 牡蠣の煮汁をひとわかししてアクをすくい、ピュレ60gを加え、バターを溶かし混ぜる。

**仕上げをする**

❶ チョリソはサラマンドルで温めて余分な脂を落とす。
❷ 皿の真ん中ににんにくのピュレソース、そのまわりにほうれん草のピュレソースを流し、牡蠣を並べる。
❸ 牡蠣の上にチョリソをのせ、赤軸水菜のスプラウトを飾る。

## 鳴門鯛のポワレ　ポワローのエチュベとパセリバターソース

**材料　4人分**

ポワローのエチュベ
- ポワロー …………………… 120g
- 塩 …………………………… 適量
- アサリのブイヨン（185ページ参照）………………………………… 少々
- バター ……………………… 30g

パセリバター
- パセリ ……………………… 100g
- バター ……………………… 300g

パセリバターソース
- アサリのブイヨン（185ページ参照）………………………………… 150g
- コーンスターチ、水 …… 各適量
- パセリバター ………… 25〜30g

- 真鯛 ………………………… 4切れ
- 塩、ピュア・オリーブオイル …… 各適量

**作り方**

**ポワローのエチュベを作る**

❶ ポワローは1cm幅の輪切りにする。
❷ さっと塩ゆでしてザルに上げる。水にはさらさない。
❸ 鍋に①とアサリのブイヨン、バターを入れて温める。

**パセリバターを用意する**

❶ パセリの葉とバターをロボクープで撹拌する。
❷ 細かい網で漉し、筒形に成形してラップで包み、冷凍庫で保存する。

**パセリバターソースを作る**

❶ アサリのブイヨンをちょうどいい塩味に煮詰める。
❷ 水溶きコーンスターチで軽く濃度をつける。
❸ パセリバターを加え、溶かし込む。

**鯛を焼き、仕上げる**

❶ 切り身に塩をふる。プランチャ（またはフライパン）にオリーブオイルを敷き、皮面からのせ、蓋をのせて半蒸し焼き状態で焼く。
❷ 皮面で8分通り火を入れ、返して身側を軽く焼く。
❸ 皿にソースを敷いてポワローをのせ、鯛をのせる。

# マナガツオのムニエル アーティチョークと厚岸草を添えて

### 材料　4人分
**トマトコンフィー**
- ミニトマト ……………… 8個
- 塩、白こしょう ………… 適量
- エクストラ・バージン・オリーブオイル ……… 適量
- にんにく（みじん切り） …… 少々
- タイム ……………………… 少々

- アーティチョーク（櫛切り）… 8切れ
- エクストラ・バージン・オリーブオイル ……… 適量
- アーティチョーク（薄切り）… 8〜12枚
- サラダ油 ………………… 適量
- マナガツオ …………… 60g 4切れ
- 塩 ………………………… 適量
- 強力粉 …………………… 適量
- ピュア・オリーブオイル … 適量
- バター …………………… 適量
- レモン果肉 ……………… 20g
- ケッパー ………………… 20g
- イタリアンパセリ（粗く刻む）… 適量
- シーアスパラガス（厚岸草）… 適量

### 作り方

**トマトコンフィーを作る**

❶ トマトの皮を湯むきし、半割にして塩、こしょう、糖度が足りない場合は粉糖（分量外）をふる。

❷ 多めのオリーブオイル、にんにく、タイムをかけて、80℃のオーブンで2〜3時間加熱して水分を飛ばす。

**アーティチョークを用意する**

❶ ソテー用のアーティチョークは4〜6等分の櫛切りにし、オリーブオイルでソテーする。

❷ チップ用のアーティチョークは薄切りにして水にさらし、よく水気を拭き取って、160℃の油でゆっくり揚げ、カリッと仕上げる。

**マナガツオを焼き、ソースを作って仕上げる**

❶ マナガツオは塩をふり、皮にだけ強力粉をまぶす。

❷ オリーブオイルで皮側から焼く。8割がた火が入ったらバターを加え、香ばしく焼き上げる。

❸ 焦がしバターソースを作る。バター60gを焦がし、小さな角切りにしたレモン果肉、ケッパー、トマトコンフィーを加え、イタリアンパセリを加え、塩で味を調える。

❹ 皿にマナガツオ、アーティチョークのソテーとチップを盛り、焦がしバターソースを流し、シーアスパラガスを飾る。

---

### ❈ アサリのブイヨン ❈

殻つきのアサリを鶏のブイヨンで炊いてエッセンスを抽出する。魚料理のソースベースなどに使用する。

**材料**（出来上がりは600g）
- アサリ …………………… 1kg
- ブイヨン・ド・ヴォライユ（205ページ参照）………… 600g
- パセリの茎 ……………… 2〜3本

**作り方**

❶ 材料を鍋に入れて火にかけ、10分間炊いてアサリの旨みを出しきる。

❷ キッチンペーパーで漉す。

# 真ハタのエチュベと新玉ねぎを黒こしょう風味のジュで 粒マスタードのアクセント

## 材料　4人分

**真ハタのブイヨン**
- 真ハタのアラ ……………… 700g
- 水 …………………………… 1ℓ
- パセリの茎 ……………… 2～3本
- 黒粒こしょう、塩 ……… 各少々
- 真ハタの中骨 …………… 200g
- にんにく …………………… 4片
- エクストラ・バージン・
  オリーブオイル ………… 適量

**真ハタのジュ**
- 真ハタのブイヨン ………… 80g
- コーンスターチ、水 …… 各適量
- 黒こしょう ………………… 少々
- レモン汁 …………………… 少々
- エクストラ・バージン・
  オリーブオイル ………… 20g

- ほうれん草 ………………… 4株
- バター ……………………… 適量
- にんにく …………………… 1片
- 塩 …………………………… 適量
- 新玉ねぎ ………………… ½個
- エクストラ・バージン・
  オリーブオイル ………… 適量
- レモン汁 …………………… 少々
- 黒こしょう ………………… 適量
- 葉玉ねぎ …………………… 2本
- 真ハタ …………………… 4切れ
- ピュア・オリーブオイル … 適宜
- 粒マスタード ……………… 適量

## 作り方

### 真ハタのブイヨンをとる
❶ 真ハタのアラを湯通しし、ザルに上げて流水で洗い流す。
❷ 水気を切ったアラを鍋に入れ、水とパセリの茎、黒粒こしょう、塩を加え、沸騰したら20分炊く。
❸ 真ハタの中骨を細かく切り、オリーブオイルを敷いたフライパンでにんにくと一緒に炒める。
❹ 香ばしい焼き色がついたら、にんにくごと②の鍋に加え、さらに10分炊く。
❺ シノワで漉して鍋に戻し、200㎖になるまで煮詰める。

### 真ハタのジュを作る
❶ 真ハタのブイヨンに水溶きコーンスターチでつなぎ、濃度をつける。
❷ 黒こしょう、レモン汁、オリーブオイルを混ぜ合わせる。

### 付け合わせを作る
❶ ほうれん草は軸に十字の切り込みを入れ、軸の部分だけを歯応えが残るよう塩ゆでし、ザルに上げる。水にはさらさない。
❷ バターとにんにくを鍋に入れて火にかけ、にんにくの香りを出し、バターを色づける。
❸ ゆでたほうれん草をソテーし、塩で味を調える。
❹ 新玉ねぎは櫛切りにして歯応えが残るよう塩ゆでし、ザルに上げる。水にはさらさない。
❺ 鍋にエクストラ・バージン・オリーブオイルを敷き、④をさっと炒め、塩とレモン汁、黒こしょうで調味する。
❻ 葉玉ねぎは皮をむいて半割にし、エクストラ・バージン・オリーブオイルを敷いた弱火のプランチャ（またはフライパン）で断面からソテーする。焼き色がついたら返し、塩をふる。

### 真ハタをエチュベにして仕上げる
❶ プランチャの弱火のところにピュア・オリーブオイルを敷いて、真ハタの表面をゆっくりと、しっとり火を入れていく。フライパンの場合は弱火で加熱する。
❷ 両面がしっとりしたらバターをのせて、泡立ってきたら上からかけながらやさしく火を入れる。
❸ 皿に盛り、ジュを流し、ほうれん草、新玉ねぎ、葉玉ねぎ、粒マスタードを添える。

# 太刀魚のソテー バージンオリーブオイルのエマルジョンとトマトコンフィーソース

## 材料　4人分

**トマトコンフィーソース（10人分）**
- トマト ……………………… 500g
- 塩、白こしょう ………… 各適量
- エクストラ・バージン・オリーブオイル ……… 50g
- にんにく（薄切り）………… 1片
- タイム ……………………… 2本
- バジルの茎 ………………… 4本
- コリアンダーシード ……… 15粒

**クールジェットのピュレ（18人分）**
- クールジェット …………… 500g
- にんにく（半割）…………… 8g
- エクストラ・バージン・オリーブオイル ……… 20g
- 塩 ………………………… 4～5g
- バジルの葉 ………………… 8g
- 温度玉子（64℃20分加熱）…… 1個

**バージンオイルのエマルジョン**
- アサリのブイヨン（185ページ参照）……………………… 30g
- コーンスターチ、水 …… 各適量
- バター ……………………… 10g
- エクストラ・バージン・オリーブオイル ……… 15g
- 塩、レモン汁 …………… 各少々

**アンチョビソース**
- にんにく（みじん切り）…… 1g
- エクストラ・バージン・オリーブオイル ……… 4g
- アンチョビ ………………… 10g

- 太刀魚 ……………………… 4切れ
- 強力粉 ……………………… 適量
- 塩 …………………………… 適量
- ピュア・オリーブオイル …… 適量
- クールジェット …………… 1本
- エクストラ・バージン・オリーブオイル ……… 適量
- マイクロクレス …………… 適量
- マイクロトマト …………… 20粒

## 作り方

### トマトコンフィーソースを作る

❶ トマトは皮を湯むきし、半割にして種子を除く。塩、こしょうをふる。

❷ 天板に断面を上にして並べ、オリーブオイルをかけ、にんにく、タイム、バジルの茎、コリアンダーシードをのせ、途中で引っくり返しながら100℃のコンベクションオーブンで2時間ほど加熱する。

❸ 余分な水分が飛んだら油ごと細かい網で漉す。

### クールジェットのピュレを作る

❶ クールジェットは皮をむき、縦半割にして5mm厚さに切る。

❷ にんにくをオリーブオイルで炒め、香りを出す。①を加えて炒め、塩をふる。しんなりしたら蓋をして、とろけるくらい柔らかくなるまで火を入れる。

❸ クールジェットの皮は3分塩ゆでし、ザルに上げる。水にはさらさない。②の炊き上がりと同時にゆで上がるよう、タイミングを合わせる。

❹ ②と③を熱いままロボクープでまわし、ピュレ状になったらバジルの葉と温度玉子を加えてさらにまわし、なめらかなピュレにする。盛りつけの前に温めて、温度玉子に火を入れて軽く濃度をつける。

### バージンオイルのエマルジョンを作る

❶ アサリのブイヨンを水溶きコーンスターチでつなぎ、濃度をつける。

❷ わいたところにバターを混ぜ込んでつなぐ。

❸ オリーブオイルを加えてつなぐ。

❹ 塩とレモン汁で味を調える。

### 仕上げをする

❶ アンチョビソースを作る。にんにくをオリーブオイルで炒めて香りを出し、包丁で細かく叩いたアンチョビを加え、さらに炒めてゆるいピュレ状のソースに仕上げる。

❷ 太刀魚は11～12cm長さの切り身を使う。塩をして皮面に強力粉をまぶす。

❸ ピュア・オリーブオイルで皮面からソテーする。8割がた火が入って香ばしい焼き色がついたら返し、身側はさっと焼く。

❹ クールジェットは6mm厚さで太刀魚の長さに切り揃え、エクストラ・バージン・オリーブオイルで両面を香ばしくソテーする。軽く塩をふる。

❺ クールジェットの片面に①を塗り、皿に盛って太刀魚を重ね、マイクロクレスとマイクロトマトをのせる。

❻ まわりにトマトコンフィーソース、クールジェットのピュレ、バージンオイルのエマルジョンを流す。

## 平目のポワレ　サラダ菜のソース
## セロリと落花生のコンディメントをのせて

**材料　4人分**

**根セロリのピュレ**
- 根セロリ ……………………… 500g
- 水、牛乳 …………………… 各300g
- 塩 …………………………………… 適量
- バター …………………………… 50g

**サラダ菜のソース**
- サラダ菜 ……………………… 2束
- フュメ・ド・ポワソン（171ページ参照、平目のアラだけで作る）… 70g
- アサリのブイヨン（185ページ参照）
  ………………………………… 30g
- バター …………………………… 6g
- 塩 …………………………………… 適量

**セロリと落花生のコンディメント**
- 生落花生（ゆでたもの）…… 10g
- セロリ …………………………… 25g
- グリーンペッパー（塩水漬け）… 1g
- レモン汁 ………………………… 1g
- エクストラ・バージン・
  オリーブオイル ………… 15g
- 塩 …………………………………… 適量
- 平目 ……………………………… 4切れ
- ピュア・オリーブオイル …… 適量
- セロリの葉 ……………………… 適量

**作り方**

**根セロリのピュレを作る**

❶ 根セロリは皮をむき、2～3cm角に切る。

❷ 水と牛乳を合わせ、塩少々を加え、①を入れる。

❸ 紙蓋をして火にかけ、柔らかくなるまで炊く。

❹ ミキサーがまわる最少限のゆで汁を加えてピュレにする。

❺ 塩で味を調え、冷たいバターを加えて混ぜ合わせる。

**サラダ菜のソースを作る**

❶ サラダ菜は丸ごと、多めの湯で4～5分塩ゆでする。

❷ 水気を切って根元を落とし、熱いうちにミキサーにかけ、細かい網で漉す。

❸ フュメ・ド・ポワソンとアサリのブイヨンを合わせて煮立て、濃度が足りない場合は水溶きコーンスターチでつなぎ、②を20g加える。

❹ 塩で味を調え、冷たいバターを混ぜ込む。

**仕上げをする**

❶ コンディメントを作る。生落花生、セロリは4mm角、グリーンペッパーはみじん切りにしてレモン汁、オリーブオイルと混ぜ合わせ、塩で味を調える。

❷ プランチャ（またはフランパン）にオリーブオイルを敷き、平目をやさしい熱でしっとりと焼く。

❸ 皿にサラダ菜のソースを流し、中心に根セロリのピュレを盛る。

❹ 平目を盛り、上にコンディメントをのせてセロリの葉を飾る。

# 仔兎フィレ肉のロティとパプリカのミトネをバジル風味で
## ラルドに包んだ蛤を添えて

### 材料　2人分

- 仔兎背肉 …… 1本（160g、½羽分）
- 塩、白こしょう ………… 各適量
- タプナード ……………… 30g
- バジルの葉 ……………… 16枚
- ピュア・オリーブオイル ……… 適量
- 蛤のジュ
  - 蛤 ……………………… 200g
  - ブイヨン・ド・ヴォライユ
    （205ページ参照）…… 150g
- バジルピュレ（出来上がりは200g）
  - バジル ………………… 200g
  - 塩 ……………………… 少々
- バジルソース
  - 蛤のジュ ……………… 30g
  - コーンスターチ、水 …… 各適量
  - バジルピュレ ………… 10g
  - エクストラ・バージン・
    オリーブオイル ……… 6g
- パプリカとオリーブの煮込み
  - 赤パプリカ、黄パプリカ … 各1個
  - 塩 ……………………… 適量
  - エクストラ・バージン・
    オリーブオイル ……… 20g
  - にんにく ……………… 1片
  - トマトウォーター ……… 30g
  - グリーンオリーブ（せん切り）… 30g
  - 蛤のジュ ……………… 少々
  - エクストラ・バージン・
    オリーブオイル ……… 少々
- ラルド（薄切り）………… 4枚
- 黒こしょう ……………… 少々
- バジルオイル …………… 少々
- 黒粒こしょう（粗く砕く）……… 少々
- バジルの新芽 …………… 適量

＊トマトウォーターは、トマトの種子や切り落としたくずの部分を集めて、蒸し器で約1時間蒸し、布漉しをしてとれる透明な液体。これを酸味が感じられるまで煮詰めてから使う。

＊バジルオイルは、エクストラ・バージン・オリーブオイルとバジルの葉をミキサーで撹拌して作る。

### 作り方

**背肉にタプナードを塗って焼く**

❶ 仔兎背肉は骨からはずし、筋と余分な脂を除く。腹の膜はつけたままにしておく。

❷ 塩、こしょうして背側にタプナードを薄く塗り、その上にバジルの葉を並べる。

❸ 腹の膜で巻き込み、糸で縛って成形する。

❹ オリーブオイルを敷いたプランチャ（またはフライパン）でまわりに焼き色をつけ、サラマンドルに3〜4分入れては出しを何度か繰り返してしっとりと火を入れる。オーブンの場合は190℃で。

**蛤のジュを作る**

❶ 鍋に殻を洗った蛤と冷たいブイヨンを入れ、蓋をしてゆっくりと温め、蛤にやさしく火を入れていく。

❷ 蛤が開いたら取り出し、ジュはキッチンペーパーで漉す。蛤は付け合わせに使うので、身を殻から出しておく。

**バジルソースを作る**

❶ バジルのピュレを用意する。バジルの葉を4〜5分塩ゆでし、少量のゆで汁と一緒にミキサーにかけ、裏漉しをする。

❷ 蛤のジュを温め、水溶きコーンスターチでとろみをつける。

❸ バジルのピュレを混ぜ合わせ、オリーブオイルを少しずつ加えてかき混ぜ、乳化させる。

**パプリカとオリーブの煮込みを作る**

❶ 2色のパプリカの表面全体にオリーブオイル（分量外）を塗って塩をふり、200℃のオーブンで8〜10分焼く。

❷ 皮が焼けて浮き上がってきたら取り出してボウルに入れ、ラップで蓋をして蒸しつつさます。

❸ 皮をむいて種子と白い部分を取り除き、長さ5cm、幅4mmの太めのせん切りにする。このとき出たジュースも取っておく。

❹ 鍋にオリーブオイルとにんにくを入れて火にかけ、香りが出たら❸を加えて炒める。

❺ しんなりしたらトマトウォーターと塩を加え、コトコト炊く。

❻ 味がなじんで水分が煮詰まったらグリーンオリーブを加えてあえる。

**仕上げをする**

❶ 1人分2個の蛤は黒い砂入りの部分を切り除き、蛤のジュとオリーブオイルの中で温める。

❷ ラルドで包み、皿に盛る。黒こしょうを挽きかけて、バジルオイルをたらす。

❸ 仔兎背肉の表面を軽く焼いて温め、6等分する。

❹ 3か所にパプリカとオリーブの煮込みを盛り、その上に❸をのせ、黒粒こしょうをふる。

❺ バジルソースを散らし、バジルの新芽をあしらう。

## クレーム・レフォールと付け合わせを作る

❶ クレーム・レフォールは材料を合わせ、泡立て器でちょうどいい固さに泡立てる。
❷ うるいの茎、スナップえんどう、櫛切りにした蕪、薄切りにした赤蕪、ブロッコリーはそれぞれ歯応えが残る程度に塩ゆでし、湯から引き上げたら冷たい昆布塩水に落とす。
❸ 水気を切っておく。

## 盛りつけ

❶ コールビーフを薄く切り、クレーム・レフォールをのせて巻き、オリーブオイルをかけ、フルール・ド・セルと黒こしょうをふる。
❷ コンソメジュレの上に①と付け合わせの野菜、2種のピクルスを盛り合わせる。
❸ うるいの葉、クレソン、ホワイトセロリをヴィネグレット・ソースであえて飾る。

## ❋ ビーフコンソメ ❋

牛挽肉と合わせるとき、フォンは沸騰させた熱い状態にしておく。澄まし用の卵白が凝固するまでの時間を短縮できる合理的な方法。

### 材料　出来上がりは6ℓ

**フォン・ブラン**
- 牛骨 …………………… 5kg
- 牛すじ ………………… 3kg
- ツメ鶏 ………………… 2kg
- 水 ……………………… 15ℓ
- 玉ねぎ ………………… 1.2kg
- にんじん ……………… 700g
- セロリ ………………… 150g
- にんにく ……………… 130g
- ブーケ・ガルニ ……… 1本
- セル・グリ（ゲランド産海塩） …………… 適量
- 牛すね挽肉 …………… 3kg
- 玉ねぎ ………………… 700g
- にんじん ……………… 360g
- セロリ ………………… 150g
- トマト ………………… 4個
- パセリの茎 …………… 4〜5本
- ローリエ ……………… 1枚
- 黒粒こしょう ………… 5g
- 卵白 …………………… 450g
- 焦がし玉ねぎ ………… 500g

＊焦がし玉ねぎは、輪切りにした玉ねぎをアルミホイルを敷いたプランチャ（またはフライパン）で焼き、焦がしたもの。コンソメの色づけ用に加える。

### 作り方

❶ 最初にフォン・ブランを用意する。牛骨、牛すじ、ツメ鶏を一度ゆでこぼし、流水で汚れをよく洗い流す。
❷ 鍋に①と残りの材料を加えて強火にかける。沸騰したらふつふつとわいている火加減で、アクを取りながら6時間煮込む。出来上がりが12ℓになるよう、蒸発分の水分は適宜足すように。シノワで漉す。
❸ コンソメを作る。ボウルで牛すね挽肉とみじん切りにした玉ねぎ、にんじん、セロリ、種子を取り除いたトマト、パセリの茎とローリエ、黒粒こしょうを混ぜ合わせる。
❹ 卵白を加え、よく練り合わせる。
❺ フォン・ブランを沸騰させ、一部を④に加えてなじませてから熱いフォンに加え、混ぜ合わせる。
❻ 中火にかける。
❼ 挽肉が表面に浮いて固まったらレードルで穴をあけて、そこから焦がし玉ねぎを落とし入れる。
❽ 静かにふつふつとわいている火加減で4、5時間煮込む。
❾ レードルですくって布で漉し、さらに表面に浮いた脂分を取り除く。

# 熊本あか牛のコールビーフとレフォールのクレームを季節の野菜とコンソメジュレと共に

## 材料　4人分

牛ランプ肉 …………………… 100g
サラダ油 ……………………… 適量
塩、黒こしょう ……………… 各適量

**赤玉ねぎのピクルス**
　赤玉ねぎ …………………… 1個
　赤ワインヴィネガー ……… 80mℓ
　水 …………………………… 100mℓ
　グラニュー糖 ……………… 40g
　黒粒こしょう ……………… 10粒
　ローリエ …………………… 2枚
　鷹の爪 ……………………… 1本
　塩 …………………………… 3g

**うどのピクルス**
　うど ………………………… 1本
　シャンパンヴィネガー …… 80mℓ
　水 …………………………… 100mℓ
　グラニュー糖 ……………… 40g
　黒粒こしょう ……………… 10粒
　ローリエ …………………… 2枚
　鷹の爪 ……………………… 1本
　塩 …………………………… 3g

**コンソメジュレ**
　ビーフコンソメ(190ページ参照) ‥ 120g
　エストラゴン ……………… 1本
　板ゼラチン ………………… 適宜
　（ビーフコンソメのゼラチン質に応じて調節）

**クレーム・レフォール（6人分）**
　サワークリーム …………… 50g
　42％生クリーム …………… 25g
　牛乳 ………………………… 20g
　レフォール（すりおろす）… 12g
　塩 …………………………… 1.5g
　レモン汁 …………………… 少々

**付け合わせ**
　うるいの茎 ………………… 12本
　スナップえんどう ………… 16本
　蕪、赤蕪 …………………… 各1個
　ブロッコリー（小房に分ける）‥ 12個
　塩 …………………………… 適量
　塩分1.4％の昆布塩水
　（205ページ参照）………… 適量
　エクストラ・バージン・オリーブオイル、
　　フルール・ド・セル …… 各適量
　ヴィネグレット・ソース
　（167ページ参照）………… 適量
　うるいの葉 ………………… 3枚
　クレソン、ホワイトセロリ … 各適量

## 作り方

### コールビーフを仕込む

❶　牛ランプ肉を掃除して余分な脂、筋を除いてサク取りし、サラダ油を敷いたプランチャ（またはフライパン）で表面に焼き色をつける。

❷　肉の1％量の塩、こしょうをふって冷やす。

❸　しっかり冷えたら真空パックし、56℃のスチームコンベクションで芯温54℃まで加熱する。

❹　すぐに冷却する。

### 2種のピクルスを用意する

❶　赤ワインヴィネガー、水、グラニュー糖、香辛料類、塩を混ぜてひとわかしする。常温でさます。

❷　赤玉ねぎは皮をむき、櫛切りにする。歯応えが残る程度にゆで、熱いうちにマリネ液に入れ、一晩冷蔵庫で漬け込む。

❸　うどは皮をむき、薄切りにする。あとは赤玉ねぎと同様に作る。

### コンソメジュレを冷やし固めておく

❶　コンソメを沸騰させ、火を止めてエストラゴンを加える。蓋をしてしばらく置き、香りを抽出する。

❷　戻したゼラチンを溶かし込み、スープ皿に流して冷やし固めておく。

# 仔牛ローストをパルミジャーノの香りで
## 雪下にんじんのロティとじゃがいものニョッキ

### 材料　4人分

**ニョッキ（90個分）**
- メークイン …………………… 500g
- 強力粉 ………………………… 125g
- 全卵 …………………………… 30g
- エクストラ・バージン・オリーブオイル ………………… 20g
- パルミジャーノ・レッジャーノ（すりおろし） ……………… 60g
- 塩 ……………………………… 4g
- ナツメグパウダー ……………… 少々

- 仔牛ロース肉 ………………… 300g
- 塩、白こしょう ……………… 各適量
- サラダ油、バター …………… 各適量
- パルミジャーノ・レッジャーノ（すりおろし） ……………… 24g
- 雪下にんじん ………………… 4本
- エクストラ・バージン・オリーブオイル ………………… 適量

**パルミジャーノのチュイル**
- パルミジャーノ・レッジャーノ（すりおろし） ……………… 適量
- ジュ・ド・ヴォー（206ページの「ジュ・ド・ヴォライユ」参照）… 適量
- フルール・ド・セル …………… 少々
- 黒粒こしょう（粗く砕く） …… 少々
- セルバチコ …………………… 適量
- ヴィネグレット・ソース（167ページ参照） ………… 少々

### 作り方

**ニョッキを用意する**

❶ メークインは皮つきのまま塩ゆでし、皮をむいて裏漉しをする。

❷ すぐにふるった粉を混ぜ合わせる。

❸ 残りの材料を加えて軽く練り合わせる。練りすぎると粘りが出るので注意。

❹ 棒状に伸ばし、8gずつに切り分ける。

❺ 丸めてフォークの背で溝をつける。

❻ 塩ゆでし、水気を切り、バターできつね色に炒める。

**肉とにんじんをローストする**

❶ 仔牛肉に塩、こしょうをふり、サラダ油で表面を焼く。途中でバターを加え、やさしい火加減で、転がしながら表面全体を焼く。

❷ 鋳物のココットに移し、やさしい火でしっとりと、ロゼにローストする。

❸ 仕上げに再度バターで軽く表面をソテー後、上にパルミジャーノ・レッジャーノをのせ、サラマンドルであぶって溶かす。

❹ 雪下にんじんは皮をむいて半割にし、オリーブオイルを敷いた鋳物の鍋で、表面に焼き色をつけつつ、弱火で中までゆっくり火を入れる。引っくり返して逆側も焼き、塩をふる。食べやすい大きさに切る。

❺ パルミジャーノ・レッジャーノをフライパンに広げ、火にかける。溶けてきたら火からおろす。さめると固まるので、適当に割る。

❻ 仔牛肉を切り分けて皿に盛り、ジュ・ド・ヴォーをかけてフルール・ド・セル、粗く砕いた黒粒こしょうをふる。

❼ ニョッキ、雪下にんじんを添え、❺とヴィネグレット・ソースであえたセルバチコを飾る。

# 飴のチューブにイヴォワールのムースと
# サンギーヌのコンフィチュールを詰めて カヴァのジュレとソルベ

## 材料　20人分

**イヴォワールのムース**
- 卵黄　60g
- グラニュー糖　200g
- 牛乳　300g
- 板ゼラチン　7g
- ホワイトチョコレート（イヴォワール）　150g
- 35％生クリーム　150g
- 42％生クリーム　150g

**ブラッドオレンジのコンフィチュール**
- ブラッドオレンジ（生）　200g
- グラニュー糖A　10g
- 水あめ　8g
- グラニュー糖B　200g
- ペクチン　2g
- レモン汁　20g

**ブラッドオレンジのソルベ**
- ボーメ30°のシロップ　100g
- グランマニエ　10g
- 安定剤（ビドフィックス）　5g
- ブラッドオレンジピュレ　500g
- ライム果汁　30g

**カヴァのジュレ**
- 水　420g
- グラニュー糖　140g
- 白ワイン（スペイン産カヴァ）　420g
- 板ゼラチン　11g
- シェリー酒　30g

**飴のチューブ**
- フォンダン　150g
- 水あめ　100g

ブラッドオレンジの果肉　適量

## 作り方

### イヴォワールのムースを作る
❶ 卵黄とグラニュー糖を白っぽくなるまですり混ぜる。
❷ 沸騰させた牛乳を少しずつ加えて混ぜ合わせる。
❸ 鍋に移し、濃度がつくまで炊き、戻したゼラチンを溶かす。
❹ シノワで漉してホワイトチョコレートと合わせ、溶かし混ぜる。
❺ 底を氷水に当て、混ぜながら冷やす。
❻ 2種の生クリームを合わせて7分立てにし、⑤と混ぜ合わせる。冷蔵庫で冷やしておく。

### ブラッドオレンジのコンフィチュールを作る
❶ ブラッドオレンジの果肉と絞った果汁にグラニュー糖Aを合わせてしばらく置く。
❷ 鍋に水あめを入れて軽く温め、①を加える。
❸ 全体がなじんだらグラニュー糖Bとペクチンを混ぜ合わせたものを加える。
❹ とろみがつくまで煮詰める。
❺ 火を止めてレモン汁を加え、冷やす。

### ブラッドオレンジのソルベを作る
❶ シロップとグランマニエを合わせて沸騰させる。
❷ 火からおろし、安定剤を加えてさます。
❸ ピュレとライムの絞り汁に②を混ぜ合わせ、ソルベティエールにかける。
❹ 冷凍庫で冷やしておく。

### カヴァのジュレを作る
❶ 水、グラニュー糖、カヴァを沸騰させ、沸騰させる。
❷ アルコール分を飛んだら火を止め、戻した板ゼラチンを溶かし込む。
❸ シェリー酒を加え、冷蔵庫で冷やし固める。

### 飴のチューブを作る
❶ 鍋にフォンダンと水あめを入れ、160℃に煮詰める。
❷ シルパットなどに広げ、さます。
❸ 熱が完全に取れたらミルサーで粉末状にする。
❹ セルクルなどを使ってシルパットに8cm×9cmの四角形にふるう。
❺ 200℃のオーブンで2分前後加熱する。溶けてシート状になる。
❻ 熱いうちにシートをシルパットから取りはずし、直径2.5cm程度の筒に巻きつけてチューブ形にする。固まったらさっとはずし、湿気ないように保存する。

### チューブにムースを詰めて仕上げる
❶ イヴォワールのムースとブラッドオレンジのコンフィチュールをマーブルになるよう、軽く混ぜ合わせる。
❷ 絞り袋に詰め、飴のチューブの中に1本につき約45g絞り出す。
❸ 皿にカヴァのジュレを広げてブラッドオレンジの果肉を散らし、②とソルベを盛る。

# 桜の香るフロマージュ・ブランのグラスとジュレ 小豆のクレームと共に

## 材料

**桜の香るフロマージュ・ブランのグラス（50人分）**
- 水 ................ 700g
- グラニュー糖 ........ 375g
- 水あめ .............. 115g
- フロマージュ・ブラン .. 500g
- 蜂蜜 ................ 60g
- 桜のリキュール ....... 50g
- レモン汁 ............. 75g
- 桜の花の塩漬けパウダー . 10g
- 苺のフリーズドライパウダー . 20g

**クランベリーのコンポート（20人分）**
- クランベリー ........ 300g
- グラニュー糖A ........ 30g
- 水あめ ............... 54g
- グラニュー糖B ........ 64g
- ペクチン .............. 7g
- レモン汁 ............. 26g

**桜のジュレ（20人分）**
- 水 .................. 400g
- グラニュー糖 ........ 100g
- 桜のリキュール ....... 70g
- 板ゼラチン ............ 6g
- レモン汁 ............. 20g
- キルシュ ............. 10g

**小豆クレーム（15人分）**
- 卵黄 ................. 2個
- グラニュー糖 ......... 30g
- 42％生クリーム ...... 160g
- 板ゼラチン ............ 2g
- 粒あん .............. 150g
- 塩 ................... 少々

**桜のエキューム（20人分）**
- 水 .................. 150g
- グラニュー糖 ......... 50g
- レモン汁 ............. 14g
- 桜のリキュール ....... 25g
- レシチン .............. 4g
- ピスターシュ、苺のフリーズドライパウダー、アーモンドスライス ........ 各適量

## 作り方

**桜の香るフロマージュ・ブランのグラスを作る**
❶ 水、グラニュー糖、水あめを合わせて沸騰させ、さます。
❷ フロマージュ・ブラン、蜂蜜、リキュール、レモン汁を混ぜ合わせる。
❸ パウダー類を混ぜ合わせる。
❹ ソルベティエールにかけ、容器に移して冷凍庫に入れる。

**クランベリーのコンポートを作る**
❶ クランベリーにグラニュー糖Aを合わせ、しばらく置いて水分を出す。
❷ 鍋に水あめを入れて火にかけ、①を加える。
❸ グラニュー糖が溶けたら、グラニュー糖Bにペクチンを混ぜ合わせて加える。
❹ 濃度がついてクランベリーに煮汁がちょうどよくからむまで煮詰める。
❺ 火からおろし、レモン汁を加えて混ぜる。冷蔵庫で冷やしておく。

**桜のジュレを作る**
❶ 水、グラニュー糖、リキュールを合わせて沸騰させる。
❷ 戻したゼラチンを溶かし、キルシュとレモン汁を加える。
❸ 容器に流して冷蔵庫で冷やし固める。

**小豆クレームを作る**
❶ 卵黄とグラニュー糖を白っぽくなるまですり混ぜる。
❷ 沸騰させた生クリームを少しずつ加えて混ぜ合わせる。
❸ 鍋に移し、濃度がつくまで炊き、戻したゼラチンを溶かす。
❹ シノワで漉し、粒あんと塩を加え、バーミックスで粉砕してなめらかなクリームにする。冷蔵庫で冷やしておく。

**桜のエキュームを作り、盛りつける**
❶ 材料を混ぜ合わせ、バーミックスで攪拌して泡を作る。
❷ 皿に小豆クレームを敷き、桜のジュレをスプーンですくってのせ、まわりにクランベリーのコンポートを添える。
❸ グラスをのせ、泡を2か所に置き、グラスの上に刻んだピスターシュと苺のフリーズドライパウダーをふる。
❹ ローストしたアーモンドスライスを桜の花びらに見立てて飾る。

# ブランマンジェに苺のペティヤン ミントの香る練乳のグラスをのせて

**材料　8人分**

ココナッツのブランマンジェ
- 牛乳 …………………… 155g
- ココナッツピュレ ………… 77g
- グラニュー糖 …………… 40g
- 板ゼラチン ……………… 3.5g
- 35％生クリーム ………… 80g

苺のコンポート（20人分）
- 苺 ……………………… 500g
- グラニュー糖 …………… 160g
- 白ワイン ………………… 125g
- 苺ピュレ ………………… 100g
- フランボワーズピュレ …… 100g
- レモン汁 ………………… 20g

苺のペティヤン
- 苺のコンポートの汁 …… 300g
- 苺ピュレ ………………… 80g
- グラニュー糖 …………… 10g
- 板ゼラチン ……………… 6g

練乳のグラス（20人分）
- 牛乳 …………………… 1.5ℓ
- ミントの葉 ……………… 5g
- 安定剤（ビドフィックス） … 5g
- 加糖練乳 ……………… 220g
- クレーム・ドゥーブル …… 110g

ベルベーヌのジュレ
- 水 ……………………… 240g
- ベルベーヌ ……………… 3g
- ミントの葉 ……………… 1g
- グラニュー糖 …………… 24g
- アガー …………………… 7g
- レモン汁 ………………… 2g

苺チップ
- 苺 ……………………… 適量
- トレハロース …………… 40g
- 水 ……………………… 100g

## 作り方

**ココナッツのブランマンジェを作る**
❶ 牛乳とココナッツピュレ、グラニュー糖を合わせて沸騰させる。
❷ 戻した板ゼラチンを溶かし込み、氷水に当てて冷やす。
❸ 固まりかけたら7分立てにした生クリームを合わせ、容器に流して冷蔵庫で冷やし固める。

**苺のコンポートを作る**
❶ 苺を2cm角に切ってボウルに入れ、グラニュー糖を合わせ、しばらく置いておく。
❷ 白ワインを沸騰させてアルコール分を飛ばし、苺とフランボワーズのピュレを加える。
❸ ②に①を加え、沸騰したらアクをすくい、軽く煮る。
❹ 火を止めてレモン汁を加え、さます。
❺ 冷蔵庫で一晩味をなじませる。

**苺のペティヤンを作る**
❶ 苺のコンポートの汁の一部をひと煮立ちさせ、戻したゼラチンとグラニュー糖を溶かす。
❷ 残りの汁と苺ピュレを合わせたところに①を加え、混ぜ合わせる。
❸ エスプーマのサイフォンに入れ、炭酸ガスを充填する。冷蔵庫で冷やしておく。

**練乳のグラスを作る**
❶ 牛乳を1ℓに煮詰める。
❷ ミントの葉を入れ、鍋の蓋をし、10分間おいて香りを抽出する。
❸ 温かいうちに安定剤を加え、さます。
❹ 漉して加糖練乳、クレーム・ドゥーブルを混ぜ合わせる。
❺ パコジェットのビーカーに入れて一晩凍らせる。
❻ 使用時に攪拌してなめらかなグラスに仕上げる。

**ベルベーヌのジュレを作る**
❶ 水をわかし、ベルベーヌとミントの葉を加え、蓋をして10〜15分置き、香りを抽出して漉す。
❷ グラニュー糖、アガーを加え、もう一度沸騰させる。
❸ レモン汁を加え、冷やし固める。

**苺チップを作る**
❶ 苺を薄切りにし、トレハロースを溶かした水に10〜15分漬け込む。
❷ 水気を切り、シルパットにのせ、80℃のコンベクションオーブンで1時間乾燥焼きにする。

**盛りつけ**
❶ ブランマンジェを皿にのせ、脇にジュレとコンポートにした苺を添える。
❷ まわりに苺のペティヤンを絞り出し、グラスをのせ、チップを飾る。

# 軽やかなヌガー・グラッセに フランボワーズのエスプーマ・ソース

## 材料

**フルーツ・コンフィ**
- ドライアプリコット ……… 520g
- レーズン ……………………… 210g
- コリントレーズン …………… 210g
- ドライオレンジ ……………… 320g
- ドライカーラント(グロゼイユ)… 250g
- ドレンチェリー ……………… 252g
- プルーン ……………………… 100g
- 洋梨ピュレ …………………… 280g
- ソーテルヌ・ワイン ………… 83g

**ヌガー・グラッセ**
（直径7cmのセルクル18個分）
- 35％生クリーム ……………… 160g
- 42％生クリーム ……………… 160g
- グラニュー糖 ………………… 16g
- メープルシュガー …………… 32g
- 水あめ ………………………… 60g
- 卵白 …………………………… 38g
- 洋梨ピュレ …………………… 12g
- 水 ……………………………… 64g
- ソーテルヌ・ワイン ………… 25g
- 板ゼラチン …………………… 4g
- フルーツ・コンフィ ………… 200g

**クラックラン（30人分）**
- アーモンドホール …………… 50g
- ヘーゼルナッツホール ……… 50g
- グラニュー糖 ………………… 100g
- 水 ……………………………… 適量

**チュイル（40枚分）**
- フォンダン …………………… 300g
- 水あめ ………………………… 200g
- アーモンドホール …………… 40g
- ピスターシュ ………………… 適量
- クラックラン ………………… 適量

**フランボワーズのエスプーマ（20人分）**
- フランボワーズピュレ ……… 360g
- グロゼイユピュレ …………… 120g
- ボーメ30°のシロップ ……… 80g
- 板ゼラチン …………………… 7.2g
- ピスターシュ・オイル ……… 適宜
- フランボワーズ ……………… 適宜

## 作り方

### フルーツ・コンフィを仕込む
❶ ドライフルーツはそれぞれ適当な大きさに切り分け、洋梨ピュレとソーテルヌ・ワインに漬け込む。
❷ 2、3日目から使いはじめ、2週間で使いきる。

### ヌガー・グラッセを作る
❶ 2種の生クリームを合わせて8分立てにする。
❷ グラニュー糖、メープルシュガー、水あめを合わせて118℃に煮詰める。
❸ 卵白と②でイタリアンメレンゲを作る。
❹ 洋梨ピュレ、水、ソーテルヌ・ワイン、戻した板ゼラチンを合わせて湯煎にかける。
❺ 板ゼラチンが溶けたら氷水で冷やしながら泡立て器で空気を含ませる。
❻ 冷えたイタリアンメレンゲとフルーツ・コンフィを合わせる。
❼ ⑥に①の生クリームを少しずつ加えて混ぜ合わせる。
❽ 最後に⑤を加えて混ぜ合わせ、セルクルに流して冷凍庫で冷やし固める。

### クラックランを作る
❶ アーモンドとヘーゼルナッツを粗く刻む。
❷ グラニュー糖と水を120℃に煮詰め、①を加えて全体にシロップをからめる。
❸ かき混ぜながら弱火で加熱してシロップを糖化させ、ナッツに火が入るまでかき混ぜ続ける。

### チュイルを作る
❶ フォンダンと水あめを150℃に煮詰める。
❷ ローストしたアーモンドを加えてシロップをからませ、シルパットなどに広げてさます。
❸ ミルサーで細かく挽いて粉にする。
❹ 直径7cmのセルクルなどを使って、シルパットに薄くふる。
❺ 上にスライスしたピスターシュ、クラックランを散らし、200℃のオーブンで2〜3分焼く。
❻ さめたらシルパットからはずし、湿気らないように保存する。

### フランボワーズのエスプーマを作る
❶ 2種のピュレとシロップを合わせる。
❷ 一部を取って温め、戻した板ゼラチンを溶かし混ぜ、全量に戻して混ぜ合わせる。
❸ 濃度がある程度ついたらエスプーマのサイフォンに入れ、亜酸化窒素ガスを充填し、冷蔵庫で冷やしておく。

### 仕上げをする
❶ フランボワーズのエスプーマをボウルに絞り出して、スプーンで混ぜて扱いやすくしてから皿に流し、その横にピスターシュ・オイルも流す。
❷ ヌガー・グラッセを盛り、チュイルをのせる。
❸ 砕いたフランボワーズとクラックランを飾る。

# フレッシュライチとリュバーブのコンポート ココナッツのソルベとともに

## 材料

**リュバーブのコンポート（10人分）**
- リュバーブ …………… 300g
- 苺ピュレ ……………… 40g
- グラニュー糖 ………… 80g
- レモン汁 ……………… 20g

**リュバーブのジュレ（10人分）**
- 水 …………………… 150g
- グラニュー糖 ………… 30g
- リュバーブのコンポートの汁 … 25g
- 板ゼラチン …………… 2.5g
- レモン汁 ……………… 13g

**リュバーブのセック**
- リュバーブ …………… 適量
- 水 …………………… 100g
- トレハロース ………… 40g

**ココナッツのソルベ（25人分）**
- 牛乳 ………………… 500g
- グラニュー糖 ………… 120g
- 安定剤（ビドフィックス）…… 3g
- ココナッツピュレ …… 120g
- ディタ（ライチのリキュール）… 10g
- マリブ（ココナッツのリキュール）… 5g

**ライチのエスプーマ（20人分）**
- 水 …………………… 80g
- グラニュー糖 ………… 80g
- 板ゼラチン …………… 7g
- ライチピュレ ………… 280g
- レモン汁 ……………… 20g
- ディタ（ライチのリキュール）… 20g
- ライチ ……………… 1人分1.5個

## 作り方

**リュバーブのコンポートを作る**

❶ リュバーブは筋を取り、3cm幅に切る。苺ピュレ、グラニュー糖と合わせて一晩置く。

❷ 筋も一緒に180℃のオーブンに入れ、ときどき全体を混ぜながら10分間加熱する。

❸ オーブンから出したらレモン汁を加え、常温でさます。さめたら冷蔵庫で冷やしておく。

**リュバーブのジュレを作る**

❶ 水、グラニュー糖、リュバーブのコンポートの汁を合わせて温め、戻した板ゼラチンを加えて溶かし混ぜる。

❷ レモン汁を混ぜ合わせ、冷蔵庫で冷やし固める。

**飾り用のリュバーブのセックを作る**

❶ リュバーブを幅1.2mmに細長く切る。

❷ 水にトレハロースを溶かしてシロップを作る。

❸ ②に①を浸して真空パックにかけ、一晩置く。

❹ 円柱の筒に巻きつけて、100℃のオーブンで1時間乾かし、湿気らないように保存する。

**ココナッツのソルベを作る**

❶ 牛乳とグラニュー糖を合わせ、沸騰させる。

❷ 安定剤を混ぜ合わせ、冷やす。

❸ ココナッツピュレ、ディタ、マリブを混ぜ合わせ、ソルベティエールにかける。

❹ 冷凍庫で冷やしておく。

**ライチのエスプーマを作る**

❶ 水、グラニュー糖を沸騰させ、戻した板ゼラチンを溶かし混ぜる。

❷ ライチピュレ、レモン汁、ディタを混ぜ合わせ、冷やす。

❸ エスプーマのサイフォンに入れ、亜酸化窒素ガスを充填し、冷蔵庫で冷やしておく。

**盛りつけ**

❶ 皿にジュレを敷き、リュバーブのコンポート、種と固い部分を取り除いて1個を4等分したライチをのせる。

❷ ココナッツのソルベを盛り、ライチのエスプーマを絞り出し、リュバーブのセックを飾る。

# バジルのソルベをパイナップルのムースとココナッツのスープに浮かべて

## 材料

**パイナップルのムース（25人分）**
- 卵黄 …………………………… 4個
- グラニュー糖 ……………… 100g
- 牛乳 …………………………… 100g
- パイナップルピュレ ……… 250g
- 板ゼラチン …………………… 4g
- ホワイトチョコレート（イヴォワール） …………………………… 100g
- 35％生クリーム ………… 3000g

**パイナップルのチップ**
- パイナップルのスライス …… 適量
- トレハロース ……………… 40g
- 水 …………………………… 100g

**ココナッツミルクのスープ（10人分）**
- パイナップルピュレ ……… 130g
- ボーメ30°のシロップ ……… 20g
- ミント ………………………… 5g
- ココナッツピュレ ………… 260g

**バジルのソルベ（20人分）**
- 水 …………………………… 600g
- グラニュー糖 ……………… 180g
- スペアミント ………………… 4g
- ベルベーヌ …………………… 4g
- レモングラス ………………… 6g
- 安定剤（ビドフィックス） …… 5g
- レモン汁 …………………… 50g
- ライム果汁 ………………… 50g
- バジルの葉 ………………… 15g
- キウイフルーツ、マンゴー、パイナップル …………… 各適量

## 作り方

### パイナップルのムースを作る
❶ 卵黄とグラニュー糖をすり混ぜ、牛乳とパイナップルピュレを加えて火にかける。
❷ とろみが出てきたら火を止め、戻したゼラチンを溶かし、漉す。
❸ ホワイトチョコレートを加えてなめらかな状態に混ぜ合わせる。
❹ 氷水に当てて混ぜながら冷やし、固まりはじめたら8分立ての生クリームと合わせ、冷蔵庫で冷やし固める。

### パイナップルのチップを作る
❶ パイナップルのスライスを、トレハロースを溶かした水に1時間浸ける。
❷ 水気を切り、シルパットに並べ、80℃のコンベクションオーブンで1時間ほど乾燥させる。

### ココナッツミルクのスープを作る
❶ パイナップルピュレとシロップを合わせて火にかけ、沸騰させる。
❷ 火を止めてミントを加え、蓋をして10分置いて香りを移す。
❸ ココナッツピュレを混ぜ合わせ、漉す。冷蔵庫で冷やす。

### バジルのソルベを作る
❶ 水にグラニュー糖を加えて沸騰さら、スペアミント、ベルベーヌ、薄切りにしたレモングラスを加え、蓋をして10分置き、香りを移す。
❷ 安定剤を加えて溶かす。
❸ 漉してさまし、レモン汁、ライム果汁、バジルの葉を加えてパコジェットのビーカーに入れて冷凍する。
❹ パコジェットで粉砕してソルベにする。

### 盛りつけ
❶ キウイフルーツ、マンゴー、パイナップルは1cm角に切る。
❷ 器にスープを流してムースを盛り、まわりにフルーツを散らし、ソルベをのせてチップを飾る。

# 白桃のマリネとジュレを赤紫蘇のソルベと共に 梅エキュームを添えて

## 材料

**桃のマリネ**
- 白桃 ……………………… 1人分¼個
- レモン汁 ………………………… 適量
- ボーメ30°のシロップ …… 適量
- クレーム・ド・ペーシュ（桃のリキュール）
  ……………………………………… 適量

**南高梅シロップ**
- 南高梅 ………………………… 1kg
- 焼酎 …………………………… 150g
- 氷砂糖 ………………………… 800g

**赤紫蘇のソルベ（25人分）**
- 赤紫蘇（塩もみしたもの）… 5g
- レモン汁 ……………………… 20g
- 南高梅シロップ …………… 150g
- 水 ……………………………… 300g
- グラニュー糖 ……………… 200g
- 水あめ ………………………… 10g

**桃のジュレ（30人分）**
- 水 ……………………………… 375g
- レモンの皮 ………………… ¼個分
- ミント ………………………… 1.5g
- 桃の皮 ………………………… 適量
- バニラビーンズ …………… ¼本
- グラニュー糖 ……………… 150g
- アガー ………………………… 14g
- レモン汁 ……………………… 30g

**クレーム・ヴァニーユ（30人分）**
- 卵黄 …………………………… 100g
- グラニュー糖 ……………… 100g
- 牛乳 …………………………… 100g
- 35％生クリーム …………… 550g
- バニラビーンズ ……………… 1本
- 板ゼラチン …………………… 7g

**梅のエキューム**
- 南高梅シロップ ……………… 50g
- 水 ……………………………… 100g
- レシチン ……………………… 7.5g
- 赤紫蘇スプラウト …………… 適量

＊梅のエキュームは多人数分できる。

## 作り方

**桃をマリネする**
❶ 白桃は皮を湯むきして種を取り、レモン汁をふりかけて変色を防ぐ。
❷ シロップ、クレーム・ド・ペーシュとともに真空し、マリネする。

**南高梅シロップを作る**
❶ 南高梅を洗い、乾かす。
❷ 焼酎を全体にからませ、氷砂糖とともに保存瓶に入れて、ときどきかき混ぜながら3週間漬け込む。たまった液体が南高梅シロップ。

**赤紫蘇のソルベを作る**
❶ 赤紫蘇の葉は塩をふってもむ。紫色の汁が出てくるので、これを捨てる。もう一度、塩もみをすると、きれいな赤い汁が出てくるが、これも捨てる。もみ終わった葉にレモン汁をかけるときれいに発色する。
❷ 残りの材料を混ぜ合わせ、①を加えてパコジェットのビーカーに入れ、冷凍する。
❸ パコジェットで粉砕してソルベにする。

**桃のジュレを作る**
❶ 水を沸騰させ、レモンの皮、ミント、桃の皮、縦に割いて種を取り出したバニラビーンズを莢ごと加え、蓋をして10分間置き、香りを移す。
❷ シノワで漉し、グラニュー糖とアガーを溶かし混ぜ、もう一度漉す。
❸ レモン汁を加えて発色させ、冷蔵庫で冷やし固める。

**クレーム・ヴァニーユを作る**
❶ 卵黄とグラニュー糖を白っぽくなるまですり混ぜる。
❷ 牛乳と生クリーム、縦に割いて種を取り出したバニラビーンズを莢ごと①に加えて混ぜ合わせ、冷蔵庫に一晩置く。
❸ 翌日、火にかけてとろみが出るまで炊き、さましてシノワで漉す。
❹ 一部を小鍋にとって戻した板ゼラチンを溶かし、全体に戻して混ぜ合わせる。
❺ もう一度漉し、冷蔵庫で冷やす。

**梅のエキュームを作り、仕上げる**
❶ 南高梅シロップを水で伸ばし、一部をとってレシチンを溶かし、全体に戻して混ぜ合わせる。
❷ バーミックスで泡立てる。
❸ 皿に桃のマリネ、クレーム・ヴァニーユを盛り、マリネの上に桃のジュレをかける。
❹ ソルベを添え、②の泡をのせ、赤紫蘇スプラウトを飾る。

# パッションフルーツを忍ばせたマンゴーのガトー ライムとローズマリーのグラス

## 材料

**ロイヤルティン・ココ（15枚分）**
- ココナッツロング ……… 105g
- グラニュー糖 ……… 35g
- ロイヤルティーヌ（製菓材料のサブレフレーク）……… 60g
- ホワイトチョコレート（イヴォワール）……… 30g

**パッションフルーツのジュレ（110個分）**
- パッションフルーツピュレ … 270g
- 種入りパッションフルーツピュレ ……… 30g
- マンゴーピュレ ……… 150g
- 水 ……… 450g
- グラニュー糖 ……… 105g
- ペクチン ……… 5g
- アガー ……… 14g

**クリームチーズのクレーム（20個分）**
- クリームチーズ（kiri）……… 200g
- 卵黄 ……… 100g
- グラニュー糖 ……… 100g
- 牛乳 ……… 150g
- 42％生クリーム ……… 340g
- 板ゼラチン ……… 9g

**マンゴーのナパージュ（30個分）**
- マンゴーピュレ ……… 435g
- パッションフルーツピュレ … 100g
- グラニュー糖 ……… 150g
- ペクチン ……… 10g
- 板ゼラチン ……… 17g

**ライムとローズマリーのソルベ（40人分）**
- 牛乳 ……… 1ℓ
- ローズマリー ……… 3本
- グラニュー糖 ……… 180g
- 安定剤（ビドフィックス）……… 5g
- ライム果汁 ……… 100g
- ライムの皮（すりおろし）… 3個分
- ローズマリーの葉（みじん切り）……… 1枝分

## 作り方

### ロイヤルティン・ココを作る
❶ ココナッツロングを香ばしくローストし、グラニュー糖と合わせてグラインダーでもろもろのペースト状にする。
❷ ロイヤルティーヌと溶かしたホワイトチョコレートを混ぜ合わせる。
❸ シルパットの上に直径6cmのディスク状に薄く伸ばし、冷やし固める。

### パッションフルーツのジュレを作る
❶ 3種のピュレと水を合わせて火にかける。
❷ グラニュー糖とペクチン、アガーを混ぜ合わせたものを混ぜながら加え、溶かす。
❸ 少量をすくって氷水に落とし、しっかり形が残る程度まで煮詰める。
❹ 直径4センチのフレキシパンに8gずつ流し、冷凍する。

### マンゴーのナパージュを作る
❶ 2種のピュレを合わせて火にかけて溶かす。
❷ 完全に溶けたらグラニュー糖とペクチンを混ぜ合わせたものを加え、沸騰させる。
❸ 火を止めて戻したゼラチンを溶かし、シノワで漉し、冷蔵庫で冷やしておく。

### クリームチーズのクレームを作り、組み立てる
❶ 室温に戻したクリームチーズを柔らかく練る。
❷ 卵黄とグラニュー糖をすり混ぜ、牛乳と生クリームを加え、火にかける。
❸ 混ぜながら加熱し、濃度が出てきたら火を止め、戻した板ゼラチンを加えて溶かす。
❹ 漉してから①と混ぜ合わせる。氷水に当てて混ぜながら冷やす。固まりはじめたら次の工程に移る。
❺ 直径6cmのセルクルの底にロイヤルティン・ココを敷き、④を25gずつ流す。
❻ 冷凍したパッションフルーツのジュレを詰め、さらに④を20gずつ流す。
❼ 一度冷凍し、セルクルをはずしてナパージュをかける。

### ライムとローズマリーのソルベを作る
❶ 牛乳を80℃に温め、ローズマリーを加え、鍋に蓋をして10分間置いて香りを移す。
❷ シノワで漉し、グラニュー糖と安定剤を混ぜ合わせる。
❸ ライム果汁、皮、ローズマリーのみじん切りを加え、ソルベティエールにかける。
❸ 容器に移し、冷凍庫で冷やす。

### 盛りつけ
クネル形に整えたソルベとガトーを盛り合わせる。

# 栗のムースリーヌと和三盆のエスプーマ
# 蒸し栗をふりかけて雪見立てに

## 材料

**栗のムースリーヌ（8人分）**
- 牛乳 …………………… 40g
- バニラビーンズ ………… ½本
- 卵黄 …………………… 25g
- グラニュー糖 …………… 25g
- マロンクリーム（サバトン社）… 100g
- 板ゼラチン ……………… 2g
- 35％生クリーム ………… 100g

**和三盆のエスプーマ（15人分）**
- 牛乳 …………………… 50g
- 35％生クリーム ………… 130g
- 洋梨ピュレ ……………… 35g
- 和三盆 ………………… 50g
- 黒糖 …………………… 25g
- カソナード ……………… 10g
- 板ゼラチン ……………… 3g
- 35％生クリーム（7分立て）… 100g

**くるみのキャラメリゼ**
- くるみ ………………… 100g
- グラニュー糖 …………… 100g
- 水 ……………………… 35g
- 塩 ……………………… ひとつまみ
- 和栗 …………………… 適量
- サラダ油 ……………… 適量
- 渋皮栗の甘露煮 ………… 適量
- カシスピュレ …………… 適量

## 作り方

### 栗のムースリーヌを作る
❶ 牛乳に割いて種を取り出したバニラビーンズを莢ごと加え、温める。
❷ 卵黄とグラニュー糖を白っぽくなるまですり混ぜ、①とマロンクリームを加える。
❸ 火にかけてとろみが出るまで炊き、戻したゼラチンを溶かし、シノワで漉して冷やす。
❹ とろっとしてきたら、7分立てにした生クリームを合わせる。
❺ 直径6㎝、高さ3.5㎝のセルクルに流し、冷凍する。

### 和三盆のエスプーマを作る
❶ 鍋に牛乳、生クリーム、洋梨ピュレ、和三盆、黒糖、カソナードを入れて温め、砂糖類を溶かす。
❷ 戻したゼラチンを加えて溶かし、シノワで漉して冷やす。
❸ とろっとしてきたら、7分立ての生クリームと合わせる。
❹ エスプーマのサイフォンに入れ、亜酸化窒素ガスを充填し、冷蔵庫で冷やしておく。

### くるみのキャラメリゼを作る
❶ くるみを香ばしくローストし、皮をむく。
❷ 鍋にグラニュー糖、水、塩を入れてシロップを作る。
❸ 120℃になったらくるみを加えて糖化させる。
❹ まわりの糖化したシロップがキャラメル色になるまで加熱する。

### 和栗のチップとパウダーを準備する
❶ 和栗のチップを作る。和栗は渋皮までむき、スライサーで薄く切る。
❷ 沸騰した湯にさっと通し、水気を切る。
❸ 150℃のサラダ油で色づけないようにカリカリになるよう揚げる。油をよく切る。
❹ パウダー用には、和栗を渋皮までむき、バットに並べてラップをし、10分程度蒸す。
❺ 乾燥しないようにぬれ布巾をかけてさます。

### 仕上げをする
❶ セルクルをつけたまま、栗のムースリーヌを解凍する。
❷ 角切りにした渋皮栗の甘露煮½個分を上にのせ、和三盆のエスプーマを絞り出す。
❸ 皿にのせてセルクルをはずし、4つ割りにした渋皮栗の甘露煮を3粒と、刻んだくるみのキャラメリゼをのせる。
❹ 蒸した和栗をマイクロプレーンですりおろしかける。
❺ 和栗のチップを飾り、カシスピュレを添える。

# なめらかなショコラとジャスミンティのグラス
## カシスの酸味をアクセントに

### 材料

**ショコラ・アパレイユ（18cm×18cmの正方形の型1台・9人分）**
- カカオ分56％チョコレート（カラク） …… 280g
- 35％生クリーム …… 280g
- 牛乳 …… 115g
- 全卵 …… 70g

**ジャスミンティのグラス（25人分）**
- 牛乳 …… 600g
- グラニュー糖 …… 60g
- 水あめ …… 50g
- 35％生クリーム …… 100g
- 蜂蜜 …… 20g
- ボーメ30°のシロップ …… 20g
- ジャスミン茶葉 …… 20g

**カシスソース（10人分）**
- カシス …… 150g
- グラニュー糖A …… 15g
- 水あめ …… 27g
- グラニュー糖B …… 32g
- ペクチン …… 3.4g

**ショコラ・チュイル（20枚分）**
- フォンダン …… 150g
- 水あめ …… 100g
- カカオ分70％チョコレート（グアナラ） …… 70g

**クランブル（15人分）**
- バター …… 50g
- カソナード …… 50g
- アーモンドパウダー …… 50g
- 薄力粉 …… 50g

- 板チョコ …… 1人分1枚
- 金箔 …… 少々

＊板チョコは、カカオ分70パーセントのチョコレートをテンパリングし、ごく薄く伸ばして7cm×7cmの正方形に切る。

### 作り方

**ショコラ・アパレイユを焼いて冷凍する**
1. チョコレートに沸騰させた生クリームを注ぎ、なめらかなガナッシュを作る。
2. 冷たい牛乳を加えて混ぜ合わせ、温度を下げる
3. 溶いて裏漉しした全卵を混ぜ合わせる。
4. セルクルの内側にラップをぴったりと張りつけて底を作り、シルパットにのせて生地を流す。
5. 160℃のオーブンで7～8分火を入れる。
6. さまして冷凍し、6cm×6cmにカットする。

**ジャスミンティのグラスを作る**
1. 牛乳、グラニュー糖、水あめを合わせて沸騰させ、さます。
2. 生クリーム、蜂蜜、シロップを加える。
3. ジャスミン茶葉と一緒に真空パックにかけ、冷蔵庫に半日置く。
4. 漉してソルベティエールにかける。

**カシスソースを作る**
1. カシスにグラニュー糖Aを合わせ、しばらく置いて水分を出す。
2. 鍋に水あめを入れて火にかけ、溶けたら①を加える。
3. グラニュー糖が溶けたら、グラニュー糖Bにペクチンを混ぜ合わせて加える。
4. 煮汁に軽く濃度がつくまで煮詰める。
5. ミキサーなどでまわしてピュレ状にし、冷やしておく。

**ショコラ・チュイルを作る**
1. 鍋にフォンダンと水あめを入れて170℃まで煮詰める。
2. チョコレートを加えて完全に溶かす。
3. 冷えて固まったらミキサーなどでまわしてパウダー状にする。
4. シルパットの上に7cm×7cmの正方形にふるい、200℃のオーブンで2分焼く。
5. 固まったらシルパットからはずし、湿気らないよう保存する。

**クランブルを作る**
1. ポマード状にしたバターにカソナードを加えてなじませる。
2. アーモンドパウダー、薄力粉の順に混ぜ合わせる。
3. ひとかたまりにまとめ、シルパットの上にクッキー程度の均一な厚さに伸ばす。
4. 180℃のオーブンで15分程度焼く。
5. さめたらビニール袋に入れて、麺棒などで叩いて細かくする。

**仕上げをする**
1. 皿にショコラ・アパレイユをのせてショコラ・チュイルを重ね、ジャスミンティのグラス、金箔で飾った板チョコをのせる。
2. クランブル、カシスソースを添える。

# 胡麻のフィユティーヌに挟んだキャラメルのムース
## 焙じ茶のグラス

### 材料

**キャラメルのムース（10人分）**
- グラニュー糖（キャラメル用）……80g
- 38%生クリーム（キャラメル用）……140g
- 板ゼラチン……6g
- 卵黄……80g
- ボーメ30°のシロップ……80g
- 38%生クリーム（7分立て）……260g

**焙じ茶のグラス（20人分）**
- 牛乳……500g
- グラニュー糖……60g
- 水あめ……50g
- 38%生クリーム……100g
- 焙じ茶葉……20g

**胡麻のフィユティーヌ（40枚分）**
- フォンダン……150g
- 水あめ……100g
- 黒ごま（煎りごまを粗く砕く）……20g
- 塩……1g
- 黒ごま……適量

**焙じ茶クランブル**
- バター……50g
- カソナード……50g
- アーモンドパウダー……50g
- 薄力粉……50g
- 焙じ茶葉……10g
- 焙じ茶のパウダー……少々

＊焙じ茶のパウダーは、茶葉をミルサーで細かく挽いたもの。

### 作り方

**キャラメルのムースを作る**

❶ グラニュー糖を焦がして濃いめのキャラメルを作り、沸騰させた生クリームを加えて止める。

❷ 戻した板ゼラチンを加えて溶かし、さます。

❸ 卵黄とシロップを湯煎にかけて温めながら泡立てていく。

❹ 空気を含んで卵黄に火が入り、クリームのような状態になったら湯煎からはずし、さめるまで泡立ててもったりとしたパータ・ボンブを作る。

❺ ②と④を混ぜ合わせ、7分立ての生クリームと合わせる。

❻ 氷水などで濃度を調節し、エスプーマのサイフォンに入れ、亜酸化窒素ガスを充填する。

❼ 8cm×25cm程度の長方形の薄いバットに2cm厚さに絞り出す。表面を平らにならして冷凍する。

❽ 固まったら7cm×2.5cmの長方形にカットして冷凍保存する。

**焙じ茶のグラスを作る**

❶ 牛乳、グラニュー糖、水あめを合わせて沸騰させる。

❷ 完全にさまし、生クリームと混ぜ合わせる。

❸ 焙じ茶葉を加えて真空パックの袋に移し、完全に真空にする。一晩冷蔵庫に置いて香りを移す。

❹ シノワで漉し、ソルベティエールにかける。

**胡麻のフィユティーヌを作る**

❶ フォンダンと水あめを150℃に煮詰め、砕いた黒ごまと塩を混ぜ合わせる。

❷ シルパットにあけてさます。

❸ 冷えて固まったらミキサーなどでまわしてパウダー状にする。

❹ シルパットに3cm×8cmの長方形にふるい、上に黒ごまをふる。

❺ 200℃のオーブンで2～3分焼き、固まったらシルパットからはずし、湿気らないよう保存する。

**焙じ茶クランブルを作る**

❶ ポマード状にしたバターにカソナードを加えてなじませる。

❷ アーモンドパウダー、薄力粉、包丁で細かく刻んだ焙じ茶葉を合わせ、ひとつにまとめる。

❸ シルパットの上に伸ばし、180℃のオーブンで15分程度焼く。

❹ さめたら細かく砕く。

**盛りつける**

❶ 皿に胡麻のフィユティーヌを敷き、その上にキャラメルのムースをのせ、もう1枚のフィユティーヌで挟む。

❷ 少量の焙じ茶クランブルをのせた上に、クネル形にすくったグラスを盛り、焙じ茶のパウダーをふる。

# プラリネ・ショコラ・キャラメルのガトー モカのグラスを添えて

## 材料　24人分

**ヘーゼルナッツのダコワーズ**
- ヘーゼルナッツホール（皮なし） …… 120g
- 粉糖 …… 100g
- 卵白 …… 100g
- グラニュー糖 …… 50g

**ムース・ショコラ**
- 38％生クリーム …… 120g
- カカオ分70％チョコレート（グアナラ） …… 70g
- ココアパウダー …… 12g
- 42％生クリーム …… 12g
- グラニュー糖 …… 15g
- 水 …… 36g
- 38％生クリーム(8分立て) …… 230g

**プラリネ・ロイヤルティン**
- ホワイトチョコレート（イヴォワール） …… 60g
- プラリネペースト …… 240g
- ロイヤルティーヌ（製菓材料のサブレフレーク） …… 120g

**キャラメルのグラッサージュ**
- グラニュー糖 …… 375g
- 牛乳 …… 300g
- 38％生クリーム …… 300g
- コーンスターチ、水 …… 各30g
- 板ゼラチン …… 10g

**モカのグラス（35人分）**
- 牛乳 …… 750g
- トリモリン（転化糖） …… 50g
- バニラビーンズ …… ½本
- コーヒー豆（ローストして砕く） …… 30g
- 卵黄 …… 150g
- グラニュー糖 …… 150g
- インスタントコーヒー …… 6g
- 38％生クリーム …… 150g

**ショコラ・チュイル**
- フォンダン …… 150g
- 水あめ …… 100g
- カカオ分70％チョコレート（グアナラ） …… 75g

**コーヒーのソース**
- エスプレッソコーヒー …… 適量
- グラニュー糖 …… 適量
- コーンスターチ、水 …… 各適量

## 作り方

### ヘーゼルナッツのダコワーズを作る
❶ ローストしたヘーゼルナッツと粉糖をロボクープでまわして粉状にする。
❷ 卵白とグラニュー糖でメレンゲを作り、①と合わせる。
❸ シルパットに薄く平らに伸ばし、粉糖（分量外）を2回ふりかけ、180℃のオーブンで10〜12分焼き、シルパットからはずす。

### ムース・ショコラを作る
❶ 生クリームを温め、チョコレートと混ぜ合わせて溶かす。
❷ ココアパウダー、42％生クリーム、グラニュー糖、水をよく混ぜ合わせる。
❸ ①と②を混ぜ合わせてさます。
❹ 8分立ての生クリームと混ぜ合わせる。

### プラリネ・ロイヤルティンを作り、組み立てる
❶ ホワイトチョコレートを溶かしてプラリネペーストと混ぜ合わせる。
❷ ロイヤルティーヌと混ぜ合わせ、18cm×18cmの型2台の底に敷き詰める。
❸ ダコワーズを型のサイズに切り、②の上に重ねる。
❹ 型から出して、8cm×3cmに切り分ける。24個できる。
❺ 8cm×3cmの型に④を詰め、その上にムース・ショコラを20gずつ絞り出し、表面を平らにならして冷凍する。
❻ キャラメルのグラッサージュを作る。グラニュー糖を濃いキャラメル色に焦がし、温めた牛乳と生クリームを加えて混ぜ合わせる。
❼ 水で溶いたコーンスターチでとろみをつけ、戻した板ゼラチンを加えて溶かす。
❽ シノワで漉し、冷やしておく。
❾ ⑤を型から出し、グラッサージュをかける。冷蔵庫で冷やしておく。

### モカのグラスを作る
❶ 牛乳にトリモリン、縦に割いて種を取り出したバニラビーンズを莢ごと加え、沸騰させる。
❷ コーヒー豆を加え、蓋をして10分間置いて香りを移し、シノワで漉す。
❸ 卵黄とグラニュー糖をすり混ぜる。
❹ ③に②、インスタントコーヒーを加えて混ぜ合わせる。
❺ 鍋に移し、濃度がつくまで炊く。
❻ 氷水に当ててさまし、生クリームを混ぜ合わせ、ソルベティエールにかける。

### ショコラ・チュイルを作る
❶ 鍋にフォンダンと水あめを入れて160℃まで煮詰める。
❷ チョコレートを加えて完全に溶かす。
❸ 冷えて固まったらミキサーなどでまわしてパウダー状にする。
❹ 直径8cmのセルクルを使ってシルパットの上にふるい、200℃のオーブンで2〜3分焼く。
❺ 固まったらシルパットからはずし、湿気らないよう保存する。

### ソースを作って盛りつける
❶ エスプレッソコーヒーにグラニュー糖を溶かし、水溶きコーンスターチでとろみをつける。
❷ 皿にガトーとクネル形にすくったグラスを盛り、ショコラ・チュイルをのせ、ソースを散らす。

## ❋ ブイヨン・ド・ヴォライユ ❋

ツメ鶏と鶏ガラからとるブイヨンで、使用頻度は非常に高い。クリアな風味に仕上げるため、下処理はていねいに行わなければならない。

### 材料 （出来上がりは10ℓ）
- ツメ鶏 …………………………… 3kg
- 鶏ガラ …………………………… 5kg
- 玉ねぎ …………………………… 900g
- クローブ ………………………… 4本
- にんじん ………………………… 600g
- セロリ …………………………… 100g
- にんにく ………………………… 60g
- 水 ………………………………… 13ℓ
- セル・グリ（ゲランド産海塩）… 15g
- ブーケ・ガルニ ………………… 1本

### 作り方
❶ ツメ鶏と鶏ガラを半寸胴鍋に入れてたっぷり水を注ぎ、強火にかける。
❷ 沸騰したらゆでこぼし、よく水洗いして、内臓類などを掃除してきれいにする。
❸ 流水に15分間さらす。
❹ 玉ねぎは皮をむいて半割にし、クローブを刺す。にんじんは皮をむき、太い部分は半分に切る。セロリはそのまま、にんにくは半割にする。
❺ ③と水を半寸胴鍋に入れ、沸騰させる。
❻ 沸騰したらアクと脂をよくすくい取る。
❼ 塩を加え、さらにアクと脂をすくい取る。
❽ ④とブーケ・ガルニを加え、ふつふつと沸騰している火加減で3〜3.5時間炊く。
❾ ペーパータオルで静かに漉し、表面に浮いたアクと脂をすくい取る

## ❋ 昆布塩水 ❋

昆布出しを利用した野菜塩漬け用の液。野菜自体の風味を引き出して、「見えないおいしさ」を足すことができる。塩分濃度は野菜の種類によって変わるので、各料理の材料表を参照のこと。

### 材料
- 水 ……………………… 1ℓ
- 利尻昆布 ………… 10cm角1枚
- 塩 ……………………… 適量

### 作り方
❶ 水に昆布を入れ、一晩置く。
❷ 弱火にかけて、沸騰直前に昆布を引き上げる。
❸ アクをすくい、塩を加えて火を止める。
❹ そのままさまし、冷蔵庫でストックする。

## ❁ フォン・ド・ヴォー ❁

仔牛の骨、筋からとる基本のフォンである。さらりとしたクリアなフォンに仕上げるために、骨と筋はしっかりと焼いて水分を抜き、煮込みはじめにアクと雑味を完璧に取り除く。

**材料**（出来上がりは2ℓ）
- 仔牛の骨 ……………… 5kg
- 仔牛の筋 ……………… 5kg
- サラダ油 ……… 400〜500g
- 玉ねぎ ………………… 1kg
- にんじん ……………… 500g
- セロリ ………………… 300g
- にんにく …………… 3〜4株
- トマトペースト ……… 120g
- 水 ……………………… 適量
- 岩塩 …………………… 少々
- 白粒こしょう ………… 20粒

**作り方**
❶ 天板を温め、仔牛の骨と筋を別々に広げ、240℃のオーブンに入れる。
❷ 10分に一度転がしながら、ローストする。焼き色がつきはじめたら200〜210℃に下げる。
❸ 水分が抜けて全体に鳶色の焼き色がついたらザルに上げる。
❹ フライパンにサラダ油を熱し、5cm角に切った玉ねぎ、にんじん、セロリ、半割にしたにんにくを炒める。うっすら色づきしんなりしたらトマトペーストを加えてさらに炒め、なじませる。
❺ 骨と筋を寸胴鍋に入れ、水をかぶる量加えて火にかける。沸騰したらアクをすくい、岩塩と白粒こしょうを加えてアクをすくいながら1時間ほど炊く。
❻ 炒めた野菜を加え、さらに5〜7時間炊く。
❼ シノワで漉して軽く煮詰める。

## ❁ ジュ・ド・ヴォライユ ❁

ジュは、その素材の旨みと香りの結晶。ジュ・ド・ヴォライユは鶏そのもののエッセンスでなければならない。肉汁と脂、骨のゼラチン質、旨みを合理的に集約するために、最初に炒めたときに出た脂を最後の仕上げに加えるという方法をとっている。ジュはどんな肉の場合でも作り方は同様で、「ジュ・ド・ポー」は以下の材料の鶏手羽と鶏ガラを、豚の背ガラ3kgと筋1kgに、「ジュ・ド・ヴォー」は仔牛の骨3kgと筋1kgに、「ジュ・ド・カナール」は鴨ガラ4kgに、「ホロホロ鳥のジュ」はホロホロ鳥のガラ4kgに変えて作る。

**材料**（出来上がりは300g）
- 鶏手羽 ………………… 2kg
- 鶏ガラ ………………… 2kg
- サラダ油 ……………… 200g
- にんにく ……………… 2株
- 玉ねぎ ………………… 150g
- にんじん ……………… 70g
- 水（あれば2番だし）…… 適量
- タイム ……………… 2〜3本
- 白粒こしょう ……… 10〜15粒

**作り方**
❶ 鶏手羽と鶏ガラは1〜1.5cm角に刻む。にんにくは半割、玉ねぎとにんじんは1.5cm厚さのスライスにする。
❷ 鍋にサラダ油を熱し、鶏手羽とガラを水分を抜くように炒め、焦がさずにきれいな焼き色をつける。途中でにんにくを加える。
❸ 別鍋にサラダ油を温め、玉ねぎとにんじんをしんなりしてうっすら色づくよう炒める。
❹ ②をザルに上げて脂を切る。この脂は仕上げ用に取り置く。
❺ 鍋に戻して③を加え、骨が少し出る程度の量の水を加え、沸騰してアクを取ったら火を弱めてタイム、白粒こしょうを加えて1時間煮込む。水分が足りなくなったら足す。
❻ シノワで漉し、強火で一気に煮詰める。
❼ 味と状態を見て十分だと思ったら火からはずし、温かいところに置いておく。
❽ クリアな液体と脂に分かれるので、表面の脂をきれいに除き、クリアな液体だけにする。
❾ 紙漉しをする。
❿ ソースとして使うとき、取り置いた脂を少し加え、分かれた状態で仕上げる。濃度が足りない場合は、脂を加える前に水溶きコーンスターチでとろみをつける。

## あとがき

　考えてみれば不思議なもので、冬は雪深い田舎に育ち、フランス料理などというものに全く縁のなかった私が、東京のど真ん中でフランス料理を作っている。
料理人になって約30年。色々な人達との出会いによって今があるのだと、つくづく感じている。子供の時から料理を作ることが好きで、高校1年生の夏休みに、地元の人気菓子店の主人に、手に職をつけたほうがいいぞと言われ、即、専門学校の体験入学に。もしあの時、言われなかったら……何をしていたのだろうか？
高校時代の地元のアルバイト先の洋食屋さんのマスターとママ、専門学校時代の住み込みアルバイト先の人々に始まり、上京して就職、フランス修行、料理学校講師、レストランシェフ、自店独立と様々な場所で数えきれないほどの人々、そして先輩、後輩、仲間達と出会い、多くのことを学び、教えられ、今の自分があるのだと思う。もちろん、屈辱や挫折も味わいながらも。
そんな時に、まわりの方々に何度救われたことか。
料理人以外に何か他の仕事をしていただろうか……たぶん何があっても料理人になっていると思うし、今までの人との出会いは必然だったのだろうと思う。
お店をオープンして間もなく、『スープ大全』の仕事をさせていただき、その縁で今回の出版の話になる訳で、人生は一期一会なのだとつくづく感じる。
レストラン リューズ5周年の節目に、自分自身の記録を残せたことに、感慨深く、そしてさらなる未来を見つめて、前に進んで行きたいと思う。
　本書の出版にあたり、声をかけて下さった旭屋出版の永瀬正人副社長、素敵な装丁・装本に仕上げて下さった津嶋佐代子さん、情熱的に写真を撮り続けていただいた南都礼子さん、企画を具現化してまとめて下さった畑中三応子さん。本当にありがとうございました。
朝から晩まで力を尽くしてくれるスタッフ達には、本当に本当に感謝しています。
私を産んで育ててくれた両親、仕事に理解のある妻と息子達にこの場を借りて、感謝の気持ちを捧げます。
そして私に関わる全ての皆様に心より感謝致します。つくづく私は幸せ者だ。

2016年11月
飯塚 隆太

| | |
|---|---|
| 食器協力 | 株式会社カマチ陶舗 |

| | |
|---|---|
| 撮　影 | 南都礼子 |
| デザイン | 津嶋デザイン事務所（津嶋佐代子、戸田恵美子） |
| 企画編集 | オフィスSNOW（畑中三応子、木村奈緒） |

## 素材を慈しみ、自分流に。
### レストランリューズ 飯塚隆太のフランス料理

発行日　2016年11月20日　初版発行

著　者　飯塚隆太（いいづかりゅうた）
発行者　早嶋　茂
制作者　永瀬正人
発行所　株式会社 旭屋出版
　　　　〒107-0052 東京都港区赤坂1-7-19
　　　　キャピタル赤坂ビル8階
　　　　電話 03-3560-9065（販売）
　　　　　　 03-3560-9066（編集）
　　　　FAX 03-3560-9071
　　　　郵便振替　00150-1-19572
　　　　URL http://www.asahiya-jp.com
印刷・製本　大日本印刷株式会社

定価はカバーに表示してあります。
許可なく本書の内容の転載・複写、ならびにweb上での使用を禁じます。
落丁本・乱丁本の場合はお取り替えいたします。

©Ryuta Iizuka/Asahiya Shuppan 2016
PRINTED IN JAPAN
ISBN978-4-7511-1242-7　C2077